POETRY FOR THE NEW MILLENNIUM: BILINGUAL READING VIA ZOOM

POESÍA PARA EL NUEVO MILENIO: CICLO DE LECTURAS BILINGÜES VIA ZOOM

(SPRING 2020-SPRING 2023)

(DESDE PRIMAVERA DEL 2020 A PRIMAVERA DEL 2023)

GUERNICA WORLD EDITIONS 95

Poetry For The New Millennium. Bilingual Reading Via Zoom

Poesía Para El Nuevo Milenio. Ciclo De Lecturas Bilingües Via Zoom

(Spring 2020-Spring 2023)

(Desde Primavera Del 2020 A Primavera del 2023)

Edited by Marta López Luaces

TORONTO—CHICAGO—BUFFALO—LANCASTER (U.K.)
2025

Michael Mirolla, general editor
Cover design: Allen Jomoc, Jr.
Interior design: Jill Ronsley, suneditwrite.com

Guernica Editions Inc.
1241 Marble Rock Rd., Gananoque (ON), Canada K7G 2V4
2250 Military Road, Tonawanda, N.Y. 14150-6000 U.S.A.
www.guernicaeditions.com

Distributors:
Independent Publishers Group (IPG)
600 North Pulaski Road, Chicago IL 60624
University of Toronto Press Distribution (UTP)
5201 Dufferin Street, Toronto (ON), Canada M3H 5T8

First edition.
Printed in Canada.

Legal Deposit—Third Quarter
Library of Congress Catalog Card Number: 2024946933
Library and Archives Canada Cataloguing in Publication
Title: Poetry for the new millennium : bilingual poetry reading via Zoom : (spring 2020-spring 2023) = Poesía para el nuevo milenio : ciclo de lecturas de poesía bilingües via Zoom : (desde primavera del 2020 a primavera del 2023) / edited by Marta López Luaces.
Names: López-Luaces, Marta, 1964- editor.
Series: Guernica world editions (Series) ; 95.
Description: Series statement: Guernica world editions ; 95 | Poems in English or Spanish, with Spanish and English translations.
Identifiers: Canadiana 2024046284X | ISBN 9781771839853 (softcover)
Subjects: LCSH: Experimental poetry, American. | LCSH: Experimental poetry, American—Translations into Spanish. | LCSH: American poetry—21st century. | LCSH: American poetry—21st century— Translations into Spanish. | LCSH: Experimental poetry, Spanish. | LCSH: Experimental poetry, Spanish—Translations into English. | LCSH: Spanish poetry—21st century. | LCSH: Spanish poetry—21st century—Translations into English. | LCSH: Experimental poetry, Latin American. | LCSH: Experimental poetry, Latin American—Translations into English. | LCSH: Latin American poetry— 21st century. | LCSH: Latin American poetry—21st century—Translations into English. | LCGFT: Experimental poetry. | LCGFT: Poetry.
Classification: LCC PS617 .P63 2025 | DDC 811/.608—dc23

Contents

JULY 25, 2020

25 DE JULIO DE 2020

Mary Newell

Translated by Marta López Luaces

Mary Newell (USA) is the author of the poetry book *ENTWINE* (BlazeVox Press), chapbooks *TILT/ HOVER/ VEER (Codhill Press)* and *Re-SURGE,* and occasional essays. She is co-editor of *Poetics for the More-than-Human-World: An Anthology of Poetry and Commentary* and the *Routledge Companion to Ecopoetics*. Newell (MA Columbia, BA Berkeley) received a doctorate from Fordham University with a focus on environment and embodiment in contemporary women's writing. She teaches creative writing and literature at the University of Connecticut, Stamford. She lives in the Hudson Highlands of New York. Writing website: https://manitoulive.wixsite.com/maryn

Mary Newell (EE.UU.) es autora de los libros de poesía Re-SURGE y TILT/HOVER/VEER, (Codhill Press) y *Re-SURGE* (Trainwreck Press). Sus poemas han aparecido en diversas revistas y antologías. Sus ensayos incluyen "When Poetry Rivers" (Diario provisional 38.3). Es coeditora de *Poetics for the More-than-Human-World: An Anthology of Poetry and Commentary*. Enseña escritura creativa en la Universidad de Connecticut, Stamford. Newell se gradua de Columbia University con una maestría e hizo el doctorado en la Universidad de Fordham. Se encofó en el medio ambiente y literatura de mujeres.

Bank Tangle

Trainstop anomaly: twig nest
tucked into branch tangle:
river-scan, plummet, breed —

Across the Hudson, homes
tucked in to bank slope:
survey, embark, dwell —

settled in for the duration.
Nineteen miles downstream,
smoke rises at Indian Point.

As the river ambles north,
histories wheeze in eddies,
palimpsest laden with fuse.

***Notes**

Charles Darwin used the phrase "tangled bank" to refer to the intermixture of life forms "dependent upon each other in so complex a manner" (*On the Origin of Species*).
Indian Point is a nuclear Facility

Banco Tangle

Una anomalía en la parada del tren: el nido de ramitas
metido en un enredo de ramas:
escanear-río, desplomarse, criar —

Al otro lado del Hudson, las casas
escondidas en la pendiente de la orilla
en cuesta, embarcar, habitar —

instaladas para que duren mucho tiempo
diecinueve millas de agua abajo,
el humo sube desde Indian Point.

Mientras el río avanza hacia el norte,
los relatos resoplan en los remolinos,
palimpsesto cargados con una mecha.

***Notas**

Charles Darwin emple'o la frase "Banco tanglo" para referirse a la mezcla de diferentes formas de vida "que depende unos de otros de una manera compleja" (*Sobre el origen de las especies*)
Indian Point: Planta Nuclear

Intersection Witness

Say the wakes of a sailboat
and a plump of mallards intersect:
many v's flange out behind their gliding.
Plankton, pushed to the v-arms,
roll over with turbulence, spuming
while in between, the water is slick.

The wakes run interference on the tide,
deforming waves that lap the shore.

Say someone standing on shore
tries to unravel that rippling skein,
tracing backwards from the waves,
while her rapt companion
sways to the undulations
as the laps refresh her feet.

In the pith of intersecting wakes
say life is complex, perplexing —

has beauty, has pattern,
has meaning …
somewhere within that tangle
or in its witnessing.

El testigo de la intersección

Di las estelas de un velero
y una masa de ánades se entrecuzan:
muchas v´s con reborde por detrás de sus deslizamientos.
El placton, empujado hacia los brazos en v,
se revuelca con turbulencia, hace mucha espuma
mientras que en el medio, el agua es resbaladiza.

Las estelas interfieren en la marea,
deformando las olas que recorren la costa.

Di que alguien de pie en la orilla
trata de desentrañar esa madeja ondulante,
retrocediendo desde las olas,
entretanto su embelesada compañera
se balancea al ritmo de las ondulaciones,
las vueltas refrescan sus pies.

En la médula de las estelas que se cruzan
Di que la vida es compleja, desconcertante-

Tiene belleza, tiene patron,
tiene significado …
en algún lugar de ese enredo
o en su testimonio.

Samuel Bossini

Translated by Marta López Luaces and Rolando Pérez

Samuel Bossini (Santiago del Estero, Argentina, 1957) was part of the group Último Reino. He directed the poetry and art magazine *El Jabalí* and, together with Clarisa Spillmann, the journal *Malvario.* He was invited to conferences and literature festivals. He currently collaborates with *La Santa Crítica journal* (Mexico). He organized the International Poetry Festival of the Buenos Aires Book Fair for five years. Ediciones Amargod in Spain published an anthology of his poetry titled *La vida de una palabra*, with an introduction by Antonio Gamoneda, El Sastre de Apollinaire published *La Luz decapotable* (Madrid, 2021) and *El leopard de las nieves* published *Una vuelta por el lado salvaje* (Balearic Islands, Spain, 2022). His pictorial work was exhibited in Taipei (China) and Valk Gallery of Buenos Aires, Argentina. His pictorial and literary work is on Instagram @ samuelbossini.And at @bossiniestudio.

Samuel Bossini (Santiago del Estero, Argentina, 1957) Formó parte del grupo Último Reino y Dirigió la revista de poesía y arte: El Jabalí. Junto a Clarisa Spillmann la revista Malvario. Ha sido invitado a Congresos y festivales de literatura. Colaboró en revistas literarias nacionales y extranjeras. Actualmente colabora en la revista: La Santa Crítica de México. Dirigió el Festival Internacional de Poesía de la Feria del Libro de Buenos Aires. En España, Ediciones Amargod editó una antología de su poesía: La vida de una palabra, con introducción de Antonio Gamoneda. Madrid, 2020. La editorial El Sastre de Apollinaire, publicó: La Luz decapotable. Madrid, 2021. Editorial El leopardo de las nieves publicó: Una vuelta por el lado salvaje. Baleares, España. 2022. Su obra pictórica se expone en

Taipei (China). Galería Valk de Buenos Aires, Argentina. Su trabajo pictórico y literario está en Instagram @samuelbossini.Y en @ bossiniestudio.

Go ahead with PLAY

I pass through rooms and rooms, all the same, in which
only the role of the walls changes color. There is no
furniture in any of them. I can't find what I am looking for.
Juan Eduardo Cirlot.

And if I can never find the words that work?
Joan Didion

That air that burns, Samuel.
That air that smothers.
Are you here, Samuel?
That rock that weighs on the Eye.
That grass in the hair.
That nobody that moves the curtain.
That smell that seeks a place where to expand.
As the street light which falls upon us with the most indifference.
From that life that begins in fear.
From seeing the train part, while we watch ourselves inside and
outside, Samuel …
To work to forget what forgets, Samuel.
My sister Maria, the one of death, has she forgotten me? Do she
know about me? Does she know of the world?
The rubble hits the ear and a fine thread is stretching.
It reaches what is not ours.
It arrives, and like us, does not return.

Beloved God, in your cenacle my chair is burnt. My warm hands shake bed sheets and it is necessary to scratch for breathing. To give everything that floats its heavy foot.
Its mouth without teeth. To put the soul to what I am not.
That air that burns.
That air that smothers, Samuel.

Don't love me.
Take care of the window through which we look at the Moon and see how insects give it a look round and white.
The drop from the roof pierces the tables.
In the trip the word is not the same.
It's there where Silence delivers its balance to the devil.
From every resurrection a hell is born.
In every action we rip a stretch of skin.
The body and neck are two trapeze artists.
Because each landscape is a nap on the branches.

Behind?
Behind the cold point
That, that does not want to know about us.
What we love exists as a red and green devil that smears us with mold. Pushes us and weakens us. What is behind is neither yesterday nor today.

That air that burns, Samuel.
That air that smothers.
Are you here, Samuel?
That rock that weighs on the Eye.
That grass in the hair.
That nobody that moves the curtain.

Long ago the world was new and shiny.
It was all fiction.
Now, black rain piercing our noses, burning our step.

And screaming and yelling is nothing. Oh, that air that burns, that air that chokes.
So nothing as a game of cards.
Nothing, like wet cards on the side of the street.

People comes in. Are you Samuel?
We are now in the train.
The trees are still dry.
What does belong to us?
Something that we have chewed or touched; does it remain?
There are signs from far away.
Rarely they are meant for us.
It is a signal that comes from our first home.
That sign shows us cornered, fearful, with no Wifi, no sexuality, without air.
The pleasure of knowing that nothing is accomplished.
Light springs from our sleeves.

That air that burns, Samuel.
That air that smothers.
Are you here, Samuel?
That rock that weighs on the Eye.
That grass in the hair.
That nobody that moves the curtain.
Who is Samuel?
What's he doing?

Smallness.
The fact is that I am as tiny as can be two coins forgotten in a drawer.

That air that burns.
This suffocation.
Are you here, Samuel?
That rock that weighs on the eye.

That grass in the hair.
That nobody who moves the curtain.

The door is locked because of the absent.
The absence as a hand that stretches dry in the fire.
Absence as those conversations alone with a stain, with an empty dish.
That air that burns. Do you feel it?
The fireplace smokes.
The girl and the boy dance on the Rose, the fire and the water.
Do you see it?
In the mirror, the one who died a moment ago asks for help.
We go into the mirror and the mirror opens a place in its cheeks, until death calls, kisses; delivers the flasks with our flies.

Transparency is not enough.
Let the doubt become a hunting horn to give a notice to the dogs so that they advance.
The magician hat rested on the hood of the car. Its cloak covers the beasts. The stage is ready for the killer to show his teeth. His deep love for God.
The immobile cat sees the star split.
Every struggle is a broken branch.
The sweating hand picks up the grass.
That blind blow on the ground, on the railing, doesn't mean anything yet. It will not mean anything. It is another absurd game of viewing the day from the bottom of a bottle.
Warm morning in September.
That air that suffocates, do you feel it?
September 10th 2015.
The morning throws its gloves on the asphalt.
Horror gets along with the city.
We are nervous. The rock weighs on the eye.
What will never arrive here goes nowhere.
To live is only one part. We always knew that Samuel.

There is a great desire, a big abyss.
I say a big abyss. Great hollow. Great gorge. Great leaning tower, Samuel.

Something burns, something suffocates.
The cranes swirl around close to the nape.
A crackle of half open windows remains.
Rumors of moments related to the gesture of return
To settle down as sometimes do the shadows behind us and make us faces. They draw our silhouettes behind the wardrobe.
Remnants built with remains of paper and cloth.
Images that become deleted like the words that we don't already carry and that we drag.
Cards burned at the foot of a stair step. In the armpits.
The Moon looks at the cut that the Moon shows, and knows that it will rain.
The bodies intuit the same feeling as the Rose when they see a body leaning.

To look.
To look what.
To look suffocation.
Where to look.
What to do when watching is to poison the nest?
Immobile reflected in the mirror we laugh and tremble.
We laugh like idiot dolls. Boring dolls.
But let the one who loves me come here.

Dale Play

Atravieso habitaciones y habitaciones,
todas iguales, en las que sólo el papel
de las paredes cambia de color. No hay
muebles en ninguna de ellas. No
encuentro lo que busco.
Juan Eduardo Cirlot.

¿Y si ya jamás puedo encontrar las palabras que funcionen?
Joan Didion

Ese Aire que quema, Samuel.
Ese Aire que asfixia.
¿Estás acá, Samuel?
Esa roca que pesa en el Ojo.
Ese pasto en el pelo.
Ese nadie que corre la cortina.
Ese olor que busca un lugar donde expandirse,
Como la Luz de la calle que cae sobre nosotros con la mayor indiferencia.
Desde esa vida que arranca en el miedo.
Desde ese ver el tren partir
y vernos dentro
y vernos fuera,
María...
Trabajar para olvidar lo que olvida,
María.
Mi hermana María, la de la muerte,
¿Me ha olvidado?
¿Sabe de mí?
¿Sabe del mundo?
El cascotazo da contra la oreja y un hilo fino se va estirando.

Llega hasta lo que no es nuestro.
Llega y como nosotros no regresa.

Amado Dios, mi silla en tu reunión esta quemada.
Mis manos tibias sacuden las sábanas
y es necesario escarbar para respirar.
Darle a cada cosa que flota su pie pesado.
Su boca sin dientes.
Ponerle el Alma a lo que no soy.
Ese Aire que quema.
Ese Aire que asfixia,
Samuel.

No me amen.
Cuiden la ventana por donde miramos la luna
y vemos cómo los insectos le dan un aspecto blanco
y redondo.
La gota desde el techo al caer orada las mesas.
En el viaje es otra la Palabra.
Es ahí donde el Silencio entrega su equilibrio al diablo.
De cada resurrección nace un infierno.
En cada acción nos rasgamos algo de piel.
El cuerpo,
el cuello son dos trapecistas.
Porque cada paisaje es una siesta en las ramas.

¿Detrás?
Detrás el punto frío
Lo que no quiere saber de nosotros.
Existe aquello que amamos como un diablo rojo
y verde que nos unta de moho.
Nos empuja y nos debilita.
Lo que está detrás no es ni ayer ni hoy.

Ese Aire que quema.
Ese Aire que asfixia.
¿Estás acá, María?
Esa roca que pesa en el Ojo.
Ese pasto en el pelo.
Ese nadie que corre la cortina.

Hace mucho tiempo el mundo era nuevo
y brillante.
Todo era ficción.
Ahora lluvia negra
nos perfora las narices,
nos quema el paso.
Y gritar
y gritar es nada.
Oh, ese Aire que quema,
ese Aire que asfixia.
Tan nada como un juego de naipes.
Nada como barajas mojadas al costado de la calle.

Entra gente. ¿Estás Samuel?
Ahora estamos arriba del tren.
Los árboles están aún secos.
¿Qué nos pertenece?
Algo de lo que hemos masticado o tocada, ¿queda?
Desde lejos hay señales.
Rara vez son para nosotros.
Es una señal que llega desde nuestro primer hogar.
Esa señal nos muestra arrinconados, temerosos, sin Wifi, sin
sexualidad, sin Aire.
El gusto de saber que nada esta consumado.
La Luz brota desde nuestras mangas.

Ese Aire que quema.

Ese Aire que asfixia.
¿Estás acá, María?
Esa roca que pesa en el Ojo.
Ese pasto en el pelo.
Ese nadie que corre la cortina.
¿Quién es Samuel?
¿Qué hace?

Pequeñez.
Es que soy tan ínfimo como pueden serlo dos monedas olvidadas en un cajón.

Ese Aire que quema.
Esta asfixia.
¿Estás acá, Samuel?
Esa roca que pesa en el Ojo.
Ese pasto en el pelo.
Ese nadie que corre la cortina.

La puerta se traba por culpa del ausente.
La ausencia como mano que se tiende seca en el fuego.
Ausencia como esas conversaciones a solas con una mancha, con un plato vacío.
Ese Aire que quema ¿lo sienten?
La chimenea humea.
Baila la muchacha y el muchacho sobre la Rosa, el fuego y el Agua.
¿Lo ven?
En el espejo pide ayuda el que murió hace un instante.
Partimos al espejo y el espejo hace un lugar en sus pómulos, hasta que la muerte llama, besa, entrega los frascos con nuestras moscas.
No alcanza la trasparencia.
Que se convierta la duda en cuerno de caza para darles un aviso a los perros de que

(avancen.

El sombrero del mago quedó sobre el capó del coche. Su capa cubre a las bestias. El escenario está listo para que el asesino muestre sus dientes. Su profundo amor por Dios.
El gato inmóvil ve partirse la estrella.
Cada lucha es una rama quebrada.
La mano sudada arranca la hierba.
Aquel golpe a ciegas dado en el suelo, sobre la baranda, aún no significa nada. No significará nada. Es otro juego absurdo de ver el día desde el culo de una botella.
Cálida mañana de setiembre.
Ese Aire que asfixia, ¿lo sienten?
10 de setiembre de 2015.
La mañana tira sus guantes sobre el asfalto.
Conviven horror y ciudad.
Estamos nerviosos. La Roca pesa en el Ojo.
Va hasta allá lo que nunca llegará hasta acá.
Vivir es sólo una parte. Lo supimos siempre Samuel.
Hay un gran deseo, un gran abismo.
Digo un gran abismo. Gran Hueco. Gran garganta. Gran Torre inclinada, Samuel.

Algo quema, Algo asfixia.
Revolotean las grullas cerca de la nuca.
Queda un crujido de ventanas entreabiertas.
Rumores de momentos que hacen el gesto de volver.
Instalarse como algunas veces lo hacen las sombras a nuestras espaldas y nos hacen muecas. Dibujan nuestras siluetas tras el armario.
Sobras construidas con restos de papel y trapo.
Imágenes que se borran como esas palabras que ya no llevamos encima y arrastramos.
Barajas quemadas al pie de un escalón. En las axilas.
La luna mira el tajo que lleva la luna y sabe que lloverá.
Los cuerpos intuyen lo mismo que la Rosa cuando ven un cuerpo que se inclina.

Mirar.
Mirar qué.
Mirar asfixia.
Hacia dónde mirar.
¿Qué hacer cuando mirar es envenenar el nido?
Inmóviles reflejados en el espejo y reímos y temblamos.
Reímos como muñecos idiotas. Muñecos aburridos.
Pero que venga hasta acá la que me ama.

María Antonia Ortega

Translated by Marta López Luaces and Rolando Pérez

María Antonia Ortega Hernández-Agero (Madrid, Spain, 1954) was a member of the editorial board of the magazine Rey Lagarto and has been a contributor to other publications such as Los Cuadernos del Sur del Diario "Córdoba", *Descenso al Cielo.* Ediciones Torremozas, *El Espía de Dios.* Ediciones Libertarias, *Sí, Antología Poética*, or *La Existencia, Larvada.* Huerga & Fierro Editors, *June Lopez.* Huerga y Fierro Editores, S.L, *La Pobreza Dorada.* Juan Pastor Publishers. *Digresiones y Rarezas*, Postcards, Memories, Souvenirs. Devenir, *El pincel fino*, A dreaming woman. Editorial Polibea, Hazversidades Poéticas. Cuadernos del Laberinto and *El Emparrado.* La Palma Editions.

María Antonia Ortega Hernández-Agero (Madrid, Spain, 1954) formado parte del consejo de redacción de la Revista Rey Lagarto y ha sido colaboradora en otras publicaciones como en Los Cuadernos del Sur del Diario "Córdoba", *Descenso al Cielo.* Ediciones Torremozas, *El Espía de Dios.* Ediciones Libertarias, Sí, *Antología Poética, o La Existencia, Larvada.* Huerga & Fierro editores, *Junio López.* Huerga y Fierro Editores, S.L, La *Pobreza Dorada.* Editorial Juan Pastor. *Digresiones y Rarezas, Postales, Recuerdos, Souvenirs.* Devenir, *El pincel fino, A dreaming woman.* Editorial Polibea, Hazversidades *Poéticas.* Cuadernos del Laberinto y *El Emparrado.* Ediciones La Palma.

Solitary expedition

I found a few savages hanging around the camp, about to stone a young woman who hid her face between her open and trembling hands. She had been caught in flagrant adultery, in the company of a married man with an attitude so compromising that it aroused suspicion.

I was able to convince them not to commit their horrible crime with the following words, fruit of the experience of other travels, but above all of my many years: 'Where there is beauty, there is also honesty. She who has reached many years of age is like someone who has participated in many and long journeys; she also has a face weathered by the wind of the sea and the desert.

Expedición solitaria

Encontré a unos salvajes merodeando el campamento, a punto de lapidar a una joven cuyo rostro escondía entre sus manos abiertas y temblorosas, y a la que habían sorprendido en flagrante adulterio, en compañía de un hombre casado en actitud tan comprometedora que infundía sospechas.

Pude convencerles de que no perpetrasen su horrible crimen con las siguientes palabras, fruto de la experiencia de otros viajes, pero sobre todo de mis muchos años: Donde hay belleza también hay honestidad. Quien ha cumplido muchos años es como el que ha participado en muchos y largos viajes; también tiene el rostro curtido por el viento del mar y el desierto.

The restless life

This morning, I woke up almost at dawn and turned up the music to full volume. The sound rose through the speakers embedded in the double plaster ceiling, upwards to my God, the anarchist, the poet; and against my upstairs neighbors, who are also part of the petty-bourgeois revolution with their boring Sunday mornings, their Sunday supplements, and their domesticity and petty aggressiveness. Praise to God over the remains of my passion, glory over my purity and my orgasm towards infinity. Praise my solitary spasm, where sex is consummated and perfected, now forever omnipotent! Praise, praise. Because sex is also a process of purification and selection: for reproduction, it chooses the strongest; for the lover's caresses, the most beautiful.

Maybe it can't transmit life, but it can transmit the value of life, turning it into gold, becoming an alchemist. Life shows that it goes further through passion than through affection, because passion has a deeply spiritual component: it is about freeing God.

Being a Christian has always been, for me, synonymous with nonconformity—going beyond what the left, history, or modernity do. However, I wanted to get ahead by several centuries, living with so much freedom. I anticipated events and, therefore, have not behaved like a true Christian who is a historical being tied to time as to the cross of Christ, forced to walk with the left at the same pace as others. Recognizing the value of individual effort is the path through which they can renew themselves. The problem is that the left, history, and modernity distrust loneliness.

Today, I invoked the names of the women in my family who preceded me: Teresa, María Luisa, María, Isabel, Carmen, Adela. All of them lived with enormous integrity and coherence. I invoked these familial deities in my prostration, highlighting the merits of each as if I were singing a litany or a song of praise. I called upon them to contemplate me in what I believed to be my degradation and to sympathize with me in my well-deserved desolation for having gone astray. Suddenly, I stood up with pride, for I realized in that moment that the greatest mortifications are suffered precisely for not wanting to give up happiness.

In short, and to conclude, passion is the feeling and knowledge of its own limited nature, of what is known to be fleeting and perishable, surrounded by an aura of heroic beauty. For this reason, it would be appropriate to specify, once and for all, that passion—whether love-passion, compassion, or any other passionate feeling—is not born from Eros but from Thanatos, from the acceptance of death. That is why heroic lovers, sometimes unfairly confused with libertines, have always given testimony of great courage when they have faced death precisely by accepting it, which entails more courage than fighting against it.

The fascinating thing would be if the duration of passion lasted the entire lives of the lovers. This is what some dare to call marital love. The great spouses, the great compassionate ones, can be compared to philosophers and immortal poets, to the great men of all times, for their inspiration.

La vida intranquila

Esta mañana me he levantado casi cuando estaba amaneciendo y he puesto la música a todo volumen, elevándose a través de los altavoces encastrados en el doble techo de escayola, hacia arriba, hacia mi Dios, el ácrata, el poeta; y contra mis vecinos de arriba que también forman parte de la revolución pequeñoburguesa con sus mañanas de domingo aburridas, sus suplementos dominicales, y su domesticidad y pequeña agresividad. ¡Gloria a Dios sobre los despojos de mi pasión, gloria sobre mi pureza y mi orgasmo hacia el infinito, gloria sobre mi espasmo solitario, que es donde se consuma y perfecciona el sexo, ya para siempre omnipotente! Gloria, gloria. Porque el sexo también es un proceso de depuración y selección: para la reproducción escoge al más fuerte, para las caricias del amante al más bello.

Quizá no pueda transmitir la vida, pero sí el valor de la vida, convertirla en oro, hacerme alquimista. Y la vida demuestra que se llega más lejos a través de la pasión que del cariño, porque la pasión tiene un componente profundamente espiritual: pues se trata de libertar a Dios.

Ser cristiano ha sido siempre para mí sinónimo de inconformismo, ir más allá como hacen la izquierda, la historia o la modernidad. Pero quise adelantarme en varios siglos al vivir con tanta libertad. He adelantado los acontecimientos, y por tanto no me he comportado como un verdadero cristiano que es histórico, y que tiene que estar atado al tiempo como a la cruz de Cristo, obligado a andar como la izquierda al mismo paso que los demás. Reconocer el valor del esfuerzo individual es el camino a través del cual pueden llegar a renovarse. Lo malo es que la izquierda, la historia y la modernidad desconfían de la soledad.

Hoy he invocado los nombres de las mujeres de mi familia que me anteceden: Teresa, María Luisa, María, Isabel, Carmen, Adela; todas ellas han sido muy coherentes, y vivido con una enorme entereza. A todas estas deidades familiares invoqué en mi postración. Las llamé subrayando los méritos de cada una de ellas, como si entonase una letanía o un cántico de alabanza, para que me contemplasen en lo que yo creía que era mi degradación, y se compadeciesen de mí en mi desolación, bien merecida por haberme desviado del camino recto. Más de repente me erguí con orgullo, ya que comprendí, en aquel instante, que las mayores mortificaciones se padecen, precisamente, por no querer renunciar a la felicidad.

En definitiva, y para concluir, la pasión es el sentimiento y conocimiento de su propia naturaleza limitada, de lo que se sabe fugaz y perecedero, y rodeado por ello de una aureola de belleza heroica. Por ello convendría precisar, de una vez para siempre, que la pasión, o el amor-pasión, la compasión, o todo sentimiento apasionado, no nace de Eros, sino de Thanatos, de la aceptación de la muerte. Por eso los heroicos amantes, confundidos en ocasiones injustamente con los libertinos, han dado siempre testimonio de gran valor cuando se han enfrentado a la muerte precisamente aceptándola, lo cual entraña más valor que luchar contra ella. Lo fascinante sería que la duración de la pasión alcanzase hasta toda la vida de los amantes. A esto es a lo que algunos se atreven a llamar amor conyugal. Los grandes cónyuges, los grandes compasivos, por su inspiración se pueden equiparar a los filósofos y a los poetas inmortales, a los grandes hombres de todos los tiempos.

SEPTEMBER 26, 2020

26 DE SEPTIEMBRE, 2020

Ann Lauterbach

Translated by Marta López Luaces

Ann Lauterbach (New York, USA1942) is author of ten books of poetry and three books of essays, including *The Night Sky: Writings on the Poetics of Experience* (Viking, 2006) and *The Given & The Chosen* (Omnidawn, 2011); her 2009 poetry collection *Or to Begin Again* was nominated for a National Book Award. *Spell,* her most recent collection, was published by Penguin in 2018. She has written essays on the relation between poetics, aesthetics and politics, as well as on the work of individual visual artists. She taught Critical Writing at the School of Visual Arts in New York City, and was a Visiting Critic (sculpture) at The Yale School of Art. Her work has received support from the Guggenheim Foundation (1986) and the John D. and Catherine T. MacArthur Foundation (1993), and was the subject of a Conference in Paris in 2015. Her poems have been translated into French and German. She is Ruth and David Schwab II Professor of Languages and Literature at Bard College, where she has been, since 1992, co-Chair of Writing in Bard's inter-discipline MFA. A native of New York City, she lives in Germantown, New York.

Ann Lauterbach (New York, EE.UU.1942) ha publicado diez libros de poesía y tres libros de enayos, entre ellos *The Night Sky: Writing* on *the Poetics of Experience* (Viking, 2006) y *The Given and The Chosen* (Omindawn, 2011). *La colección de poesía* de 2009 *Or to Begin Again* fue nominada para el Premio Nacional del Libro. Spell, su colección más reciente, fue publicada por Penguin en 2018. Ha escrito ensayos sobre la relación entre poética, estética y política, así como sobre el trabajo de artistas visuales individuales. Enseñó escritura crítica en la Escuela de Artes Visuales de Nueva York, y fue crítica visitante (escultura) en la Escuela de Arte de Yale. Su trabajo ha recibido el apoyo de la Fundación Guggenheim (1986) y la Fundación John D. y Catherine T. MacArthur (1993), y fue objeto de una Conferencia en Paris, 2015. Su poseía ha sido traducida al alemán y francés. Es la directora del programa Ruth and David Schwab II Professor of Languages and Literature en la Universidad de Bard College, donde ha sido la co-directora del programa de escritura creative (MFA). Vive en Germatown en el estado de Nueva York.

Eclipse With Object

There is a spectacle, and something is added to history.
It has as its object an indiscretion: old age, a
gun, the prevention of sleep.

I am placed in its stead
and the requisite shadow is yours.
It casts across me, a violent coat.

It seems I fit into its sleeve So the body wanders.
Sometimes it goes where light does not reach.

You recall how they moved in the moon dust? *Hop, hop.*
What they said to us from that distance was stupid.
They did not say *I love you* for example.

The spectacle has been placed in my room.
Can you hear its episode trailing,
pretending to be a thing with variegated wings?

Do you know the name of this thing?
It is a rubbing from an image.
The subject of the image is that which trespasses.

You are invited to watch. The body asleep
in complete dark casting nothing back.
The thing turns and flicks and opens.

Eclipse con objeto

Hay un espectáculo y algo se añade a la historia.
Tiene por objeto una indiscreción: la vejez, un
arma, impedir el sueño.

Estoy a su servicio
y la sombra obligada es tuya.
Se proyecta sobre mí, como una funda violenta.

Parece que quepo en una manga.
Así que el cuerpo pasea.
Algunas veces va adonde la luz no llega.

¿Recuerdas cómo se movían por el polvo de la luna? *Puf, puf.*
Lo que nos dijeron desde la distancia fue algo muy tonto.
No decían *Te quiero*, por ejemplo.

El espectáculo tiene lugar en mi cuarto.
¿Puedes oír arrastrar su episodio,
pretendiendo ser algo de alas jaspeadas?

¿Sabes cómo se llama?
Es el borrón de una imagen.
El tema de la imagen es aquello que la imagen transgrede.

Estás invitado a mirar. El cuerpo adormecido
en la completa oscuridad no proyecta nada.
Algo se da la vuelta, golpetea y se abre.

Luis García Montero

Translated by Marta López Luaces and Rolando Pérez

Luis García Montero (Granada, Spain, 1958) is a Professor of Literature at the University of Granada and, currently, director of the Cervantes Institute. As a poet, he published, among other books, *El jardín extranjero* (1983), *Habitaciones separadas* (1994), *Completamente viernes* (1998), *Vista cansada* (2008), *Un invierno propio* (2011) and *A puerta cerrada* (2017). As a novelist, he published *Mañana no será lo que Dios quiera* (2009), *No me cuentes tu vida* (2012) and *Alguien dice tu nombre* (2014). He is also the author of numerous essays on contemporary poetry.

Luis García Montero (Granada, España, 1958) es catedrático de Literatura de la Universidad de Granada y, en la actualidad, director del Instituto Cervantes. Como poeta, ha publicado, entre otros libros, *El jardín extranjero* (1983), *Habitaciones separadas* (1994), *Completamente viernes* (1998), *Vista cansada* (2008), *Un invierno propio* (2011) y *A puerta cerrada* (2017). Como novelista, ha publicado *Mañana no será lo que Dios quiera* (2009), *No me cuentes tu vida* (2012) y *Alguien dice tu nombre* (2014). Es también autor de numerosos ensayos sobre poesía contemporánea.

Figure Without a Landscape

Twice I have sold my soul to the devil,
for dubious coins and clandestine purposes
in countries no one has dared to found.

A realist living in the world of dreams,
a dreamer who wants to live reality.

Yours is a bad destiny.
That's how it goes for you.

Figura sin paisaje

He vendido mi alma dos veces al diablo,
por monedas de niebla y curso clandestino
en países que nadie se ha atrevido a fundar.

Un realista que vive el mundo de los sue ños,
un soñador que quiere vivir la realidad.

Mal destino es el tuyo.
Así te va.

Raúl Zurita

Translated by Anna Deeny Morales

Raúl Zurita (Santiago, Chile, 1950) studied Civil Engineering at the Universidad Santa María de Valaparíso. His works include *Purgatorio* (1979), *Anteparaíso* (1982), *Canto a su amor desaparecido* (1985), *La Vida Nueva* (1994), *INRI* (2003) and *Zurita* (2011). Along with other artists, in 1979 he founded CADA, Colectivo de Acciones de Arte, an art action group dedicated to the creation of public and political art that would resist the military dictatorship of Augusto Pinochet. In 1982 he wrote a poem in the sky over Queens, New York, and in 1992 he bulldozed "ni pena ni miedo" into the Desert of Atacama. Due to its dimensions, this line is only visible from the sky. Zurita has been awarded the *Premio Pablo Neruda,* the *Premio Nacional de Literatura de Chile*, the DAAD in Germany, the *Casa de Américas* in Cuba, and a Guggenheim Fellowship. He was conferred a Doctor honoris causa degree by the Universities of Alicanta, Spain, and the Universidad Técnica Federico Santa María, Chile. He is a Professor emeritus at the Universidad Diego Portales. His works have been widely translated. He is the 2020 winner of the Reina Sophia award, the most prestigious literary award in the Spanish and Portuguese languages.

Raúl Zurita (Santiago, Chile, 1950) estudió Ingeniería Civil en la Universidad Santa María de Valaparíso. Entre sus obras destacan Purgatorio (1979), Anteparaíso (1982), Canto a su amor desaparecido (1985), La Vida Nueva (1994), INRI (2003) y Zurita (2011). Junto con otros artistas, en 1979 fundó CADA, Colectivo de Acciones de Arte, un grupo de acción artística dedicado a la creación de arte público y político que resistiera a la dictadura militar de Augusto Pinochet. En 1982 escribió un poema en el cielo de Queens (Nueva York), y en 1992 grabó "ni pena ni miedo" en el desierto de Atacama. Debido a sus dimensiones, esta línea sólo es visible desde el cielo. Zurita ha recibido el Premio Pablo Neruda, el Premio Nacional de Literatura de Chile, el DAAD de Alemania, la Casa de Américas de Cuba y una beca Guggenheim. Fue investido Doctor Honoris Causa por las Universidades de Alicanta, España, y la Universidad Técnica Federico Santa María, Chile. Es profesor emérito de la Universidad Diego Portales. Sus obras han sido ampliamente traducidas. Es el ganador del premio Reina Sofía 2020, el más prestigioso premio literario en lengua española y portuguesa.

Song for his Disappeared Love

So Zurita—he came at me—now that all verse
and heartbreak you made it in here into our
nightmares: can you tell me where's my son?

For la paisa
For the mothers of the plaza de mayo
For the association of family members of the ones who can't be found
For all those tortures, doves of love, Chilean countries and assassins

I sang. I sang about love, with my face soaked I sang about love and the boys they smiled at me. I sang harder, with passion, the dream and tears. I sang the song about the old concrete warehouses. One on top of the other dozens of niches filled them. In each there's a country, like children, they're dead. They all lay there, black countries, Africa and wetbacks. I sang like this to them about love sorrow to the countries. Thousands of crosses filled the countryside. All her enamored woman this is how I sang. I sang love:

It was agony, the beatings and we broke into pieces.
I managed to hear you, but the light was fading.
I searched for you among the ruined, I spoke with
you. What was left of you saw me and I held you.
It all ended.
Nothing's left. But dead I love you and we love
one another even though no one can understand.

Oh, great glaciers close in, great glaciers ceilings over
our love.
Eh raspy girl, my lovely boy cried out, the dinosaurs are waking up.
The helicopters

come down and down.
Where the old warehouses are, the real high walls with TV towers.
You could end up on those screens, oh yes my love.
In my dreams I turn the dial and there you are in black and white.
I say:—that's the guy in my dream, it's the guy in my dream.
When I wake there're only wounded people in a long yard and scalps hanging from the antennas.
Listen friends—I yelled out—those times have passed already. They just laughed at me.
They marked the guys and with bayonet blows cut their hair.

You smoke pot? You sniff neoprene? What kind of shit you smoke filthy red?
But they're lovely. With all that I go on the rag when I see them, wet my bed and smoke.
I fall in love with them, do myself up and paint my whole face. Drenched in
tears I say hello.
But everyone today dreams the dream of death, oh yes pretty boy.
Great glaciers come now to take away the remains of our love.
Great glaciers come to swallow the niches of our love.
The niches are one in front of the other.
From far off they look like blocks.
I saw everything while they were hit me, but I turned and my guardian couldn't hold me back.

Over there I got to know colors and saw the true God yelling inside the freezing concrete warehouses,
Howling inside the phantom concrete warehouses.
Getting completely soaked in the not possible concrete warehouses.
Chilean ass—my mother'd put me down—your time will come too.
I went all over the place and saw my parents without even leaving.
They're like God.
But they don't know their pup is dying of love and blows

in the old warehouses.
Now they look for me my poor folks scared to death.
Knocking us up with thick spits together, young and old,
we will be broken.

Oh, love we'll break.
- Oh, love we'll break.
The wetback generation sings folk, dances rock, but they're all dying with their eyes blindfolded in the warehouse bowels.
In each niche there's a country, they are there, they are the South American countries.
Great glaciers come to collect them.
White glaciers, yes brother, ceiling over they draw near.
My girl died, my boy died, they all disappeared.
Deserts of love.

Oh, love, broken we fell and as I fell I
wept looking at you. It was blow after
blow, but the last ones weren't
necessary. We barely managed to
drag ourselves among the fallen bodies
to stay together, to stay one next to
the other. Loneliness isn't hard, nothing
has happened and my dream lifts up
and falls like always. Like days. Like the
night. All my love is here and here it stays

Bound to the rocks the sea and the mountains.
Bound, bound to the rocks the sea and the mountains.

I went all over.
My friends sobbed inside the old concrete warehouses.
The kids howled.

Come on, we got to where they said—I yelled to my pretty boy.
My face dripping the gentlemen came with me.
But I couldn't find anyone to say "good morning" to, only some witches with
a mouser ordering a real bloody one for me.
I said—you're crazy, and they said—don't believe it.
Only the crosses could be seen and the two old warehouses covered by something.
From one bayonet blow they clipped my shoulder and I felt my arm as it fell to the grass.

Then with it they beat my friends.
They went on and on, but when they began to strike my parents
I ran to the urinal to throw up.
Immense prairies formed with each heave, the clouds
breaking the sky and the hills coming on.
What's your name and what do you do they asked me.
Look he's got a tight ass. What's your name tight ass bastard bitch, they said.
But my love is still bound to the rocks, the sea and the mountains.
But my love I tell you, is still stuck to the rocks, the sea and mountains.
They don't know the goddamned concrete warehouses.
They are them. I come with my friends sobbing.
I come from all over.
I come weeping. I smoke and fuck the guys.
It's good for seeing colors.

But they're digging us out at our doors.
But it will all be new, I tell you, oh yes, pretty boy.
Of course—said the guard, you have to yank the cancer from its root,
Oh yes, oh, yes
My sliced up shoulder bled and the blood it was foul.

If you turn around you can see the two huge warehouses.
Marks of TNT, guards and thick barbed wire cover its broken glass.
But they won't ever find us because our love is bound to
the rocks to the sea and the mountains.
Bound, bound to the rocks, to the sea and the mountains.
Bound, bound to the rocks, to the sea and the mountains.
My girl died, my boy died, they all disappeared.
Deserts of love.

Canto a su amor desaparecido

Ahora Zurita —me largó—ya que de puro verso y desgarro te
pudiste
entrar aquí, en nuestras pesadillas; ¿tú puedes decirme dónde está mi
hijo?

—A la Paisa
—A las Madres de la Plaza de Mayo
—A la Agrupación de Familiares de los que no aparecen
—A todos los tortura, palomos del amor, países chilenos y asesinos:

Canté, canté de amor, con la cara toda bañada canté de amor y los
muchachos me sonrieron. Más fuerte canté, la pasión puse, el sueño,
la lágrima. Canté la canción de los viejos galpones de concreto.
Unos
sobre otros decenas de nichos los llenaban. En cada uno hay un país,
son como niños, están muertos. Todos yacen allí, países negros,
áfrica
y sudacas. Yo les canté así de amor la pena a los países. Miles de
cruces
llenaban hasta el fin el campo. Entera su enamorada canté así.
Canté el
amor:

Fue el tormento, los golpes y en pedazos
nos rompimos. Yo alcancé a oírte pero la
luz se iba.
Te busqué entre los destrozados,
hablé contigo. Tus restos me miraron y yo
te abracé. Todo acabó.
No queda nada. Pero muerta te amo y nos

amamos, aunque esto nadie pueda entender-
derlo.

—Sí, sí miles de cruces llenaban hasta el fin el campo.
—Llegué desde los sitios más lejanos, con toneladas de cerveza
—adentro y ganas de desaguar.
—Así llegué a los viejos galpones de concreto.
—De cerca eran cuarteles rectangulares, con sus vidrios rotos y olor
—a pichí, semen, sangre y moco hendían.
—Vi gente desgreñada, hombres picoteados de viruela y miles de
—cruces en la nevera, oh sí, oh sí.
—Moviendo las piernas a todos esos podridos tíos invoqué.
—Todo se había borrado menos los malditos galpones.
—Rey un perverso de la cintura quiso lomarme, pero aymara el
—número de mi guardián puse sobre el pasto y huyó.
—Después me vendaron la vista. Vi a la virgen, vi a Jesús, vi a mi
—madre despellejándome a golpes.
—En la oscuridad te busqué, pero nada pueden ver los chicos lindos
—bajo la venda de los ojos.
—Yo vi a la virgen, a Satán y al señor K.
—Todo estaba seco frente a los nichos de concreto.
—El teniente dijo "vamos", pero yo busco y lloré por mi muchacho.
—Ay amor
—Maldición, dijo el teniente, vamos a colorear un poco.
—Murió mi chica, murió mi chico, desaparecieron todos.

Desiertos de amor.
Ay amor, quebrados caímos y en la caída
lloré mirándote. Fue golpe tras golpe, pero
los últimos ya no eran necesarios.
Apenas un poco nos arrastramos entre los
cuerpos derrumbados para quedar juntos,
para quedar uno al lado del otro. No es duro
ni la soledad. Nada ha sucedido y mi sueño
se levanta y cae como siempre. Como los

días. Como la noche Todo mi amor está aquí
y se ha quedado:

—Pegado a las rocas al mar y a las montañas.
—Pegado, pegado a las rocas al mar y a las montañas.
—Recorrí muchas partes.
—Mis amigos sollozaban dentro de los viejos galpones de concreto.
—Los muchachos aullaban.
—Vamos, hemos llegado donde nos decían — le grité a mi lindo chico.
—Goteando de la cara me acompañaban los Sres.
—Pero a nadie encontré para decirles "buenos días", sólo unos brujos
—con máuser ordenándome una bien sangrienta.
—Yo dije — están locos, ellos dijeron — no lo creas.
—Sólo las cruces se veían y los dos viejos galpones cubiertos de algo.
—De un bayonetazo me cercenaron el hombro y sentí mi brazo al caer
—al pasto.
—Y luego con él golpearon a mis amigos.
—Siguieron y siguieron pero cuando les empezaron a dar a mis
—padres corrí al urinario a vomitar.
—Inmensas praderas se formaban en cada una de las arcadas, las
—nubes rompiendo el cielo y los cerros acercándose.
—Cómo te llamas y qué haces me preguntaron.
—Mira tiene un buen culo. Cómo te llamas buen culo bastarda chica,
—me preguntaron.
—Pero mi amor ha quedado pegado en las rocas, el mar y las montañas.
—Pero mi amor te digo, ha quedado adherido en las rocas, el mar
—y las montañas.
—Ellas no conocen los malditos galpones de concreto.
—Ellas son. Yo vengo con mis amigos sollozando.
—Yo vengo de muchos lugares.
—Yo vengo llorando. Fumo y pongo con los chicos.
—Es bueno para ver colores.
—Pero nos están cavando frente a las puertas.
—Pero todo será nuevo, te digo, oh sí lindo chico.
—Claro — dijo el guardia, hay que arrancar el cáncer de raíz,

—oh sí, oh sí.
—El hombro cortado me sangraba y era olor raro la sangre.
—Dando vueltas se ven los dos enormes galpones.
—Marcas de T.N.T., guardias y gruesas alambradas cubren sus vidrios
—rotos.
—Pero a nosotros nunca nos hallarán porque nuestro amor está pegado
—a las rocas, al mar y a las montañas.
—Pegado, pegado a las rocas, al mar y a las montañas.
—Pegado, pegado a las rocas, al mar y a las montañas.
—Murió mi chica, murió mi chico, desaparecieron todos.
Desiertos de amor.

Keep Me in You

So keep me in you
in the most secret torrents, your rivers lift up
and when what is left of us
is only just something like a shore
also hold me in you
keep me in you like the questioning of waters
that depart
And then when the great birds fall down
and the clouds make known to us
that our lives slipped through our fingers
keep me even now in you
hold me in you, in the thread of air your voice still dwells
hard and distant
like the glacier channels in which the Spring descends

Guárdame en ti

Amor mío: guárdame entonces en ti
en los torrentes más secretos
que tus ríos levantan
y cuando ya de nosotros
sólo quede algo como una orilla
tenme también en ti
guárdame en ti como la interrogación
de las aguas que se marchan
Y luego: cuando las grandes aves se
derrumben y las nubes nos indiquen
que la vida se nos fue entre los dedos
guárdame todavía en ti
en la brizna de aire que aún ocupe tu voz
dura y remota
como los cauces glaciares en que la primavera desciende.

Mercedes Roffé

Translated by Anna Deeny Morales and Judith Filc

Mercedes Roffé (Buenos Aires, Argentina, 1954) is a recognized poet in the Spanish-speaking world, books of hers have been translated and published in Italy, France, Romania, England, Canada, Brazil, and the United States. English Translation of her books include, *Floating Lanterns*, translated by Anna Deeny (UK, Shearsman, 2015), and *Ghost Opera*, translated by Judith Filc (US, co-im-press, 2017). In 2012, her poetry collection, *La ópera fantasma*, was chosen as one of the best books published that year in Mexico. In 2016, her *Definiciones Mayas* (1999) was listed by the Spanish newspaper, *El País*, as one of the 100 best books published in Spanish in the last 25 years. Her poetry collection, *Floating Lanterns*, has been put to music by composer Theresa Wong, and performed at The New School Glass Box Auditorium, in March 2018, as part of The Stone experimental music program. Two artist books have been published of her photographs, *The Blue Line / La línea azul* (Madrid, 2012) and *Otras lenguas* (Santa Fe, 2019; with poems by Inés Aráoz). She holds a diploma in Modern Languages from the University of Buenos Aires, and a Ph.D. from New York University. She has taught literature and creative writing workshops in Argentina, Spain, Venezuela, Colombia, Canada, and the US. Roffé is the founding editor of Ediciones Pen Press (www.edicionespenpress.com), a small press dedicated to the publication of contemporary poetry from around the world in Spanish Translated. Among other distinctions, she was awarded the John Simon Guggenheim Fellowship (2001) and the Civitella Ranieri Foundation Fellowship (2012). She lives in NYC.

Mercedes Roffé (Buennos, Argentina, 1954) es una poeta ampliamente reconocida en el mundo de habla hispana, y sus libros han sido traducidos y publicados en Italia, Francia, Rumania, Inglaterra, Canadá, Brasil y Estados Unidos. Las traducciones al inglés de sus libros incluyen, *Floating Lanterns*, traducido por Anna Deeny (Reino Unido, Shearsman, 2015), y *Ghost Opera*, traducido por Judith Filc (Estados Unidos, co-im-press, 2017). En 2012, su poemario, *La ópera fantasma*, fue elegido como uno de los mejores libros publicados ese año en México. En 2016, su obra *Definiciones Mayas* (1999) fue catalogada por el diario El País como uno de los 100 mejores libros publicados en español en los últimos 25 años. Su poemario, *Linternas flotantes*, ha sido musicalizado por la compositora Theresa Wong, e interpretado en The New School Glass Box Auditorium, en marzo de 2018, como parte del programa de música experimental The Stone. Se han publicado dos libros de artista con sus fotografías, *The Blue Line / La línea azul* (Madrid, 2012) y *Otras lenguas* (Santa Fe, 2019; con poemas de Inés Aráoz). Es diplomada en Lenguas Modernas por la Universidad de Buenos Aires y doctora por la Universidad de Nueva York. Ha impartido talleres de literatura y escritura creativa en Argentina, España, Venezuela, Colombia, Canadá y Estados Unidos. Roffé es la editora fundadora de Ediciones Pen Press (www.edicionespenpress.com), una pequeña editorial dedicada a la publicación de poesía contemporánea de todo el mundo en traducción al español. Entre otras distinciones, recibió la beca John Simon Guggenheim (2001) y la beca de la Fundación Civitella Ranieri (2012). Vive en Nueva York.

Situation to Heal the Sick

translated by Judith Filc

invite people. invite them all. to a party. a big party.
and if the sick one doesn't want to leave his bed, let him; he shouldn't.
and have music and dance, and song and cake.
and if the sick one doesn't want to dance, let him; he shouldn't.
and if the sick one doesn't want to sing, let him; he shouldn't.
and if the sick one doesn't want to eat or drink, let him; he shouldn't.
but have noise in the house, and lots of people.
and have them tell stories and memories, and fables and riddles
and if the sick one cannot or will not say anything, let him
        —he shouldn't talk,   or laugh,   or remember.
but bring people to the house, to the backyard, to the inn, to the town
there must be noise, lots of noise in the house. lots and lots of people.
and once the party ends, two or three days later women must
throw all the feast leftovers in the hollow of a sheet
big, embroidered sheets. preferably white, very white.
preferably embroidered.
throw there the cakes, almonds, figs, walnuts, chestnuts,
the berries and petit fours, the pastries and breads, the juice and the wine
six, four must take them to the river
the sheet must be taken to the river with its goods, its fruits, its cakes
down the avenue they must go the four, the six to the river, several times,
and throw it all into the current, the feast leftovers, the wine, the
water, the juice
the almonds, the figs
and throw it all into the river, into the current

Situación para curar a un enfermo

invitad gente. invitadlos a todos. a una fiesta. una gran fiesta.
y si el enfermo no quiere salir de la cama, dejadlo, que no salga.
y que haya música y bailes, y cantos y pasteles.
y si el enfermo no quiere bailar, dejadlo, que no baile.
y si el enfermo no quiere cantar, dejadlo, que no cante.
y si el enfermo no quiere comer, dejadlo, que no coma, que no beba.
pero que haya ruido en la casa. y mucha gente.
y que se cuenten cuentos y memorias, y fábulas y acertijos
y si el enfermo no puede o no quiere decir nada, dejadlo
—que no hable,   que no ría,   no recuerde.
pero traed gente a la casa, al jardín de la casa, a la posada, al pueblo
que en la casa haya ruido, mucho ruido. mucha, mucha gente.

y al terminar la fiesta, dos o tres días después, las mujeres
echen todo lo que haya sobrado del banquete en el hueco de una sábana
grandes sábanas bordadas. de preferencia blancas, muy blancas.
de preferencia bordadas.
echen allí los pasteles, las almendras, los higos, las nueces, las castañas,
las moras y las masas hechas, las pastas y los panes, los zumos y los vinos
que lo lleven al río, entre seis, entre cuatro
que lleven la sábana al río, con sus bienes, sus frutos, sus pasteles,
por el bulevar que bajen, las cuatro, las seis al río, varias veces,
y echen todo a la corriente, las sobras del festín, el vino, el agua, el zumo,
las almendras, los higos
y arrojen todo al río, a la corriente

Situation to Break a Spell

Lie down
　　　—on your back
as if you were to die
or give birth to yourself.

Climb up
the slope of the years
in the dark.

Reach the threshold
　　　traverse it / dive into
the deep, narrow scale of oblivion.

Tell me what you see.
Confront it / confront
the one you were even before memory.
Do you recognize yourself?
Keep going.
Yes, now you recognize the road
that brought you here.
Its sharpness betrays it
　　　—a blue dream projected on the blue screen of time
　　　that gradually acquires meaning.

Can you see yourself?
Ask why and accept it
—whatever the answer

—I've come to bid farewell—answer.
Just that
with no spite

violence
or resentment.

It will try to keep you
to answer once again what you already know
what you have already heard it say,
perhaps differently.
Lower your eyes and create
—with your gaze only—
a trail on the ground
a track of moist dirt and ashes.

You will see fire rise
a wall of fire
—a cold fire—
between you and your failure.
Take your leave.
Turn your back to it.
Take the road again
        —the same one:
        the blue dream on the blue of time
Climb the steps of the deep, narrow scale.
Reach the threshold
traverse it and climb down
the dark incline of the years.

Go back to your body
can you feel it? a pain in the belly or the chest
as though something had been torn from you
tells you that you have prevailed.

The pain will leave
you will remain with yourself.

(The memory of the gash
will unfailingly follow you.)

Situación para romper un hechizo

Acuéstate
            boca arriba
como si fueras a morir
o a darte a luz.

Remonta
la cuesta de los años
en lo oscuro.

Llega al umbral
traspásalo / sumérgete
en la honda, estrecha, escala del olvido.

Dime qué ves.
Enfréntalo / enfréntate
a quien eras antes aún de la memoria.

¿Te reconoces?
Continúa.
Sí, reconoces ahora el camino
que te ha traído hasta aquí.
Su nitidez lo delata
            —un sueño azul que se proyecta en la pantalla azul del tiempo
y va cobrando sentido.

¿Te ves?
Pregúntale por qué y acéptala
—cualquiera sea la respuesta

—He venido a decirte adiós—responde.
No digas más que eso
sin saña
sin violencia
sin rencor alguno.

Intentará retenerte
volver a responder lo que ya sabes
lo que ya le has oído
quizás de otra manera.

Baja los ojos y crea
—con la mirada solo—
un reguero en el suelo
un surco de tierra húmeda y cenizas.

Verás alzarse un fuego
una pared de fuego
—un fuego frío—
entre tú y tu fracaso.
Despídete.
Dale la espalda.
Vuelve a tomar el camino
            —el mismo:
el sueño azul sobre el azul del tiempo.

Remonta los peldaños de la escala honda, estrecha.
Llega al umbral
traspásalo y desciende
la pendiente oscura de los años.

Vuelve a tu cuerpo
¿sientes? un dolor en el vientre o en el pecho
como si algo de ti te hubiese sido arrancado
te anuncia que has vencido.

El dolor se irá
tú quedarás contigo.

La memoria del hueco
te seguirá adonde vayas.

OCTOBER 23, 2020

23 DE OCTUBRE DE 2020

Sandra Lorenzano

Translated by Tanya Huntington

Sandra Lorenzano (Buenos Aires, Argentina, 1960) is a narrator, poet and essayist "argen-mex" (she was born in Argentina and has lived in Mexico since 1976). She is an honorary creator of the Nacional de Creadores de Arte y académica at UNAM. She published the following poetry books: *Vestigios* (Pre-Textos), Herencia (Vaso Roto) y *Abismos, quise decir* (Círculo de Poesía / Literal) Premio Nacional de Poesía Clemencia Isaura 2023, así como las novelas *Saudades, Fuga en mí menor, La estirpe del silencio,* y *El día que no fue* (Alfaguara, 2019). Su publicación más reciente es *Herida fecunda*, XV Premio Málaga de Ensayo (Páginas de Espuma, 2024). She recently published *Herida fecunda*, XV Premio Málaga de Ensayo (Páginas de Espuma, 2024. She is also President of the Asamblea Consultiva del Consejo Nacional to prevent discrimination, Mexico.

Sandra Lorenzano (Buenos Aires, Argentina,1960) es narradora, poeta y ensayista "argen-mex" (nació en Argentina y vive en México desde 1976). Creadora honorífica del Sistema Nacional de Creadores de Arte y académica de la UNAM. Entre sus libros se encuentran los poemarios *Vestigios* (Pre-Textos), Herencia (Vaso Roto) y *Abismos, quise decir* (Círculo de Poesía / Literal) Premio Nacional de Poesía Clemencia Isaura 2023, así como las novelas *Saudades, Fuga en mí menor, La estirpe del silencio,* y *El día que no fue* (Alfaguara, 2019). Su publicación más reciente es *Herida fecunda*, XV Premio Málaga de Ensayo (Páginas de Espuma, 2024). Actualmente se desempeña como Directora de la sede de la UNAM en Cuba. Es, además, Presidenta de la Asamblea Consultiva del Consejo Nacional para Prevenir la Discriminación, México.

Sands of Silence

I carry deserts within, the warm
sands of silence.
Edmond Jabès

1.

I hold the memory of a name
on the tip of my tongue,
which is why I explore skins
like one who seeks treasure.
That's what I told you the morning of our encounter,
trying to explain my desert thirst.
I hold the memory of a name.
Murky sounds, syllables,
a certain warmth in the ear,
and the tales of that angel
—an old bedtime story in Yiddish—
who bears away in a kiss the memory
of the newly born.
Which is why I explore skins
like one who seeks treasure,
avidly, methodically.
That's what I told you on the morning of our encounter
when I awoke swimming across your ocean belly
salt of all salts
to quench my desert thirst.

2.

I wrote the word *desert*, and night fell over the Pacific in Iquique.
Twelve women told me their stories. I have them still, wrapped in crêpe.

They bore children, or grandchildren. Fears and desires.
One held her infant lovingly. Her name was Mirta, and she was Paraguayan.
The eldest had been there for nearly twenty years.
We drank tea and spoke of books as if this were just like any other encounter.
Every so often, they would repeat: "you can't see the ocean from here."
The same nostalgia for a horizon my father held in his gaze.
Some were practically adolescent,
like us when we first heard the cantata of Santa María.
Near the prison I saw a sign that read "Danger: tsunamis"
Ladies and gentlemen, we came here to tell you
that which history chooses to forget
it happened in the great North, Iquique was the city
and 1907 sealed our fate.
The hillsides turned red at dusk
and I suddenly recalled a moment before this same ocean
that was ours alone
I walked then for hours along the coastline,
missing you and ashamed to be outdoors.

3.

I wrote the word *desert*, and warm air covered my arms and legs.
Dark fire at the center of my chest.
light that made me close my eyes, sand ground into my skin.
What do forty years of exodus have to do with me?
What story of mine brews in my mother's smile,
or in my grandmother's sweet hands?
Could it be that I see myself in the crossing,
in the foreign gaze that yearns for a Word to take root.
Without prayers or candles, every Friday
for centuries I have carried a book.

I spell it out, seeking your name,
fresh water of the Mediterranean to quench my thirst.
I am she who approaches the final frontier
Steel fence
Train in motion
Cracked body
I wrote the word *desert*
One thousand, two thousand, five thousand,
and so many more who fell by the wayside.
What does the cold that aches at night have to do with me?
Shelter
Refuge
Come, let me take your hand
Let my arms surround you
I will carry your pack
Kiss your sores
What does the desert have to do with me?
Salt of all salts
You
To quench my thirst

La arena del silencio

Llevo dentro de mí los desiertos,
la arena caliente del silencio.
Edmond Jabès

1.

Tengo el recuerdo de un nombre
en la punta de la lengua,
por eso exploro las pieles
como quien busca un tesoro.
Eso te dije la mañana del encuentro
intentando explicarte mi sed de desierto.
Tengo el recuerdo de un nombre.
Sonidos brumosos, sílabas,
una cierta tibieza en el oído,
y la historia del ángel aquel
-viejo cuento de arrullos en idisch-
que se lleva en un beso la memoria
del recién nacido.
Por eso exploro las pieles
como quien busca un tesoro,
ávida y metódicamente,
te dije la mañana del encuentro
al despertar nadando en tu vientre marino,
sal de todas las sales
para mi sed de desierto.

2.

Desierto escribí y fue la noche de Iquique cayendo sobre el Pacífico.
Doce mujeres me contaron sus historias. Hoy las tengo envueltas en papel de China.
Tenían hijos o nietos. Miedos y deseos.
Una cargaba amorosamente a su bebé. Se llamaba Mirta y era paraguaya.
La mayor llevaba ahí casi veinte años.
Tomamos té y hablamos de libros como si fuera un encuentro cualquiera.
Cada tanto repetían: Desde acá no se ve el mar.
La misma nostalgia de horizonte que mi padre tiene en la mirada.
Algunas eran casi adolescentes,
como nosotras cuando escuchábamos la cantata de Santa María.
    Cerca del penal vi un letrero que decía "Peligro tsunamis"
    Señoras y señores, venimos a contar,
    aquello que la historia no quiere recordar
    pasó en el norte grande, fue Iquique la ciudad
    1907 marcó fatalidad.
Las laderas de los cerros estaban rojas de atardecer,
y yo recordé de pronto un momento que fue sólo nuestro
frente a este mismo océano.
Caminé entonces durante horas por la costa,
extrañándote, y avergonzada de estar afuera.

3.

Desierto escribí y un aire caliente me cubrió brazos y piernas.
Fuego oscuro en medio del pecho.
La luz que me obligaba a cerrar los ojos, la arena clavada en la piel.
¿Qué tengo que ver yo con cuarenta años de éxodo?
¿Qué historia también mía asoma en la sonrisa de mi madre,
o en las manos dulces de mi abuela?

Me reconozco acaso en la travesía,
en la mirada que extranjera ansía una palabra que dé raíz.
Sin rezos ni velas cada viernes
cargo un libro desde hace siglos.
Lo deletreo buscando tu nombre,
agua fresca del Mediterráneo para mi sed.
Soy la que camina hacia la última frontera
Valla de acero
Tren en marcha
Cuerpo agrietado
Desierto escribí
Mil, dos mil, cinco mil,
Y tantas más que quedan en el camino.
¿Qué tengo que ver con el frío que hiere en las noches?
Albergue
Refugio
Ven que te llevo de la mano.
Te cubro con mi abrazo
Cargo tu mochila
Beso tus llagas
Qué tengo que ver con el desierto
Sal de todas las sales
Tú
Para mi sed

All the thirst of the land

July 18, 2020 – 26 years after the AMIA bomb

Between one tree and another
lies all the thirst of the land.
Edmond Jabès

From my thirst to your thirst
there is an absence of shadows
From my land to your land
an infinite thirst
From my tree to yours
only dear wanderings
secret voices
arms always parted
departures that will never know your return
oceans sown with silence
And then, suddenly, the traces of a farewell
that blossom as if there were no tomorrow
Only today, an echo
sweet and warm

The shofar sounds
and I embrace the tree
the thirst
the land
and I wait for you here

Toda la sed de la tierra

18 de julio de 2020 – a 26 años de la bomba en AMIA

De un árbol a otro árbol hay
toda la sed de la tierra.
Edmond Jabès

De mi sed a tu sed
hay una ausencia de sombras
De mi tierra a tu tierra
una sed infinita
De mi árbol al tuyo
sólo errancias amadas
voces secretas
abrazos siempre partidos
partidas que no verán el regreso
mares sembrados de silencios
Y allí de pronto las huellas de una despedida
que florecen como si no hubiera mañana
Puro hoy que es eco
dulce y tibio

Suena el shofar
y yo abrazo el árbol
la sed
la tierra
y te espero aquí
Sauce
brisa
río que fluye
hacia la primera letra
que corre por mis venas

Mariela Dreyfus

Translated by Carmen Giménez-Smith & Zachary Payne

Mariela Dreyfus (Lima, Peru, 1960) lives in New York. She published the following poetry books: *Memorias de Electra* (1984); *Placer fantasma* (1993); *Ónix* (2001); *Pez* (2005) / *Fish* (2014) / *Poisson* (2019); *Morir es un arte* (Lima, 2010; 2014). all included in *Gravity. Poemas reunidos* (2017). She is author of *Soberanía y transgresión: César Moro* (2008) and co-editor of the volumes *Nadie sabe de mis cosas. Reflexiones en torno a la poesía* de Blanca Varela (2007) and *Esta mística de relatar cosas sucias. Ensayos en torno a la obra de Carmen Ollé* (2016). Her most recent *Tiempo de enfriamiento. Una vigilia poética estadounidense* de C.D. Wright (2019). She holds a PhD in Latin American Literature from Columbia University

Mariela Dreyfus (Lima, Perú, 1960) reside en la Ciudad de Nueva York desde 1989. Ha publicado los poemarios *Memorias de Electra* (1984); *Placer fantasma* (1993); *Ónix* (2001); *Pez* (2005) / *Fish* (2014) / *Poisson* (2019); *Morir es un arte* (Lima, 2010; 2014) y *Cuaderno músico precedido de Morir es un arte* (Madrid, 2015), todos incluidos en *Gravedad. Poemas reunidos* (2017). Es autora del estudio *Soberanía y transgresión: César Moro* (2008) y coeditora de los tomos *Nadie sabe mis cosas. Reflexiones en torno a la poesía de Blanca Varela* (2007) y *Esta mística de relatar cosas sucias. Ensayos en torno a la obra de Carmen Ollé* (2016). Su más reciente traducción es *Tiempo de enfriamiento. Una vigilia poética estadounidense* de C.D. Wright (2019). Doctora en Literatura Latinoamericana por la Universidad de Columbia, actualmente es profesora en la Maestría de Escritura Creativa en Español de la Universidad de Nueva York (NYU).

In the House on Aguarico Street

You are also scared.
Absurd how narrow the bedroom is
—and the windows, with ox-like eyes
observing all of it—
our members resist the joy.
The light that reveals us should be more ambient,
the glare a little dimmer
on the cot.
Then, your shoulders   your hips
            and your fingers
—entangled with essential freedom—
would form a symmetry with mine
until we lost control.

En la casa de aguarico

Tú también tienes miedo.
Absurda la estrechez del dormitorio
—y las ventanas, con ojos como de buey
observándolo todo—
nuestros miembros se resisten a la fiesta.

Debiera ser menor la luz que nos descubre,
menor el resplandor de sus reflejos
sobre el catre.
Entonces, tus hombros   tus caderas
                    y tus dedos
—entrelazados en libertad propicia—
formarían simetría con los míos
hasta perder la calma.

A Poetics

Not that a poem
is like an artifact
meant to flood the city
tender and quivering
like a vulva in love.
Nor that these lines
surround you,
a pale monster that appeared

Poética

No que el poema
sea un artificio
para inundar la ciudad
frágil y palpitante
como un sexo enamorado.
Ni que estas líneas
te envuelvan
pálido monstruo aparecido
al final de las edades.
Sólo nuestros cuerpos voraces
y al centro mi memoria
compitiendo con una máquina de pinbol
súbitamente enloquecida.
Hemos cogido el instante
y yacemos desnudos
burdos semidioses.

Rafael Saravia

Translated by Marta López Luaces and Rolando Pérez

Rafael Saravia (Malaga, Spain1978) is a Spanish poet, editor and photographer. As a poet he published the following books: *Pequeños conversaciones* (Leteo, 2001 and Amargord, 2009), *Desprovisto de esencias* (Renacimiento, 2008), *Llorar lo alegre* (Bartleby, 2011), *Carta blanca* (Calambur, 2013), *La transparencia de las cerraduras* (Atrasalante, 2014) in Mexico, *Eón* (August 4, 2014), *El abrazo contrario* (Bartleby, 2017), *Gramática de la escucha* (Summa, 2019) in Peru and Vena Amoris. *Cafuné & Revolución* (Eolas, 2020). He has also prepared the edition and prologue of the book *El río de los amigos. Escritura y diálogo en torno a Gamoneda* (Calambur, 2009), *Se ha retirado el mar. Antología poética de Antonio Gamoneda* (Catafixia, 2014) and the anthology *Barcos sobre el agua natal. Poesía hispano-americana desde el siglo XXI* (2012).

Rafael Saravia (Málaga, España, 1978) es un poeta, editor y fotógrafo español. Como poeta ha publicado los libros *Pequeñas conversaciones* (Leteo, 2001 y Amargord, 2009), *Desprovisto de esencias* (Renacimiento, 2008), *Llorar lo alegre* (Bartleby, 2011), *Carta blanca* (Calambur, 2013), *La transparencia de las cerraduras* (Atrasalante, 2014) en México, *Eón* (4 de agosto, 2014), *El abrazo contrario* (Bartleby, 2017), *Gramática de la escucha* (Summa, 2019) en Perú y Vena Amoris. *Cafuné & Revolución* (Eolas, 2020). También ha preparado la edición y el prólogo del libro *El río de los amigos. Escritura y diálogo en torno a Gamoneda* (Calambur, 2009), la edición e introducción del libro editado en Guatemala *Se ha retirado el mar. Antología poética de Antonio Gamoneda* (Catafixia, 2014) y la edición de la antología *Barcos sobre el agua natal. Poesía hispanoamericana desde el siglo XXI* (2012).

Mantra

The possibility of not sowing nostalgia
and be positively seed.
To be calm and no ibuprofen. To be time itself and not just a clock.
To regret the fears we left in the storage room.
To embrace the right to take a nap
and worship scasonal plants.

Mantra

La posibilidad de no plantar nostalgias
y ser positivamente semilla.
Ser calma y no ibuprofeno. Ser tiempo y no reloj.
Lamentar los miedos que nos quedaron en el trastero.
El derecho a hacerse siesta
y venerar las plantas de temporada.

Transition

Understand the insurrection and its marble tiles,
applaud the delay and its vigilance.
Be complementary in the marginal part of substance.

All transit suggwata the permanence of an uncertain word.
It resembles the migration of the condemned for not declaring his faith.

We are a haven, not a shortcut,
they force us to slowly knead the barcodes and the exteriors of fruits.

Understand the stillness and never stop learning.
Be corn in a field of orchids.

I

I open my eyes and stop seeing the truth.
Its dry sound goes beyond the eyelid.
His tremor does not rhyme in nameless ditches,
its presence before the light is resistance
and lucid thought in time of mental reaping.
I open my eyes with the fear
of falling into the holes of electoral parsimony.
There is a given fear,
                                        relevant,
an eye-trained fear
that accepts the visual oblivion of atrocious consumption.
I open my eyes and caress
the sheer contempt of marketing.

I have to put an end to tears
to recreate the anger and its austere future.

II

Washing the silence with your presence.
Listening to the water in the fountains and knowing you:
The green in your eyes,
fresh in the fullness of our flight.
Having the garden and your hand on your lips.
Do not confuse neither the ring nor the home
with other minor prisons.
Love you.

Transición

Comprender la insurrección y sus baldosas de mármol,
aplaudir la demora y su vigilancia.
Ser complemento en la parte marginal del sustento.

Todo tránsito supone la permanencia del vocablo incierto.
Se asemeja a la migración del condenado por no fichar su fe.

Somos remanso y no atajo,
nos hacen lentamente amasar el código frutal y su intemperie.

Comprender la quietud y no dejar de aprender.
Ser maíz en tierra de orquídeas.

I

Yo abro los ojos y dejo de ver la verdad.
Su sonido en seco es más allá del párpado.
Su temblor no rima en las cunetas sin nombre,
su presencia ante la luz es resistencia
y pensamiento lúcido en época de siega mental.
Yo abro los ojos con el miedo
a caer en los agujeros de la parsimonia electoral.
Hay un miedo proclive,
   relevante,
un miedo capacitado para el ojo
que acepta el ninguneo visual del consumo atroz.
Yo abro los ojos y acaricio
el terso menosprecio del mercadeo.
He de cerrar la lágrima
para recrear la rabia y su porvenir austero.

II

Lavar el silencio con tu presencia.
Escuchar el agua en las fuentes y saberte:
Verde en tu mirada,
fresca en la plenitud de nuestro vuelo.
Tener el jardín y tu mano en los labios.
No confundir el anillo ni el hogar
con otras prisiones menores.
Amarte.
Concederle a la paz nuestro apellido conjunto.
Sernos sin celosía de por medio.
Atajarnos en el frio y en los hilos de luz.
Amarte.

FEBRUARY 27, 2021

27 DE FEBRERO, 2021

Peter Gizzi

Translated by de Marta López Luaces y Mónica Tracey

Peter Gizzi is the author of numerous collections of poems, most recently: *Fierce Elegy* (Winner of the T.S. Eliot Prize), *Now It's Dark, Archeophonics* (National Book Award 2016 finalist), and *In Defense of Nothing* and *Threshold Songs.*

Peter Gizzi es autor de muchas colecciones de poesía, las más recientes son: *Fierce Elegy, Now It's Dark, Archeophonics* (finalista del Premio Nacional del Libro 2016) y *In Defense of Nothing* y *Threshold Songs.*

Panic that Can Still Come Upon Me

If today and today I am calling aloud

If I break into pieces of glitter on asphalt
bits of sun, the din

if tires whine on wet pavement
everything humming

If we find we are still in motion
and have arrived in Zeno's thought, like

if sunshine hits marble and the sea lights up

we might know we were loved, are loved
if flames and harvest, the enchanted plain

If our wishes are met with dirt
and thyme, thistle, oil,
heirloom, and basil

or the end result is worry, chaos
and if "I should know better"

If our loves are anointed with missiles
Apache fire, Tomahawks
did we follow the tablets the pilgrims suggested

If we ask that every song touch its origin
just once and the years engulfed

If problems of identity confound sages,
derelict philosophers, administrators
who can say I am found

if this time you, all of it, this time now

If nothing save Saturdays at the metro and
if rain falls sidelong in the platz
doorways, onto mansard roofs

If enumerations of the fall
and if falling, cities rocked
with gas fires at dawn

Can you rescind the ghost's double nakedness
hungry and waning

if children, soldiers, children
taken down in schools
if burning fuel

Who can't say they have seen this
and can we sing this

if in the auroras' reflecting the sea,
gauze touching the breast

Too bad for you, beautiful singer
unadorned by laurel
child of thunder and scapegoat alike

If the crowd in the mind becoming

crowded in streets and villages, and trains
run next to the freeway

If exit is merely a sign

2.

It isn't alright to want just anything
all the time, be specific sky

I can read the narrow line above the hills

The day unbraids its pretty light
and I am here to see it

This must be all there is
right now in the world

There are things larger than understanding

things we know cannot
be held in the mind

If the sun throbs like a drum
every five minutes

what can we do with this

the 100,000 years it takes a photon
to reach the surface of the sun

eight minutes to hit our eyes

If every afternoon gravity and fire
it's like that here

undressed, unwound

3.

If today and today I am speaking to you, or
if you/I whisper, touch, explain

If they/you hate those phrases
if we struggle to get to the thing
the body and the other noises

If a W stumbles here even in private
there was this man we said
everywhere between us

if speech can free us

If summer fall winter spring
the broadcast day spins round my head
its grin stuck out there

when I am a tiger inside the DMZ
or if I am a tiger man
if no one believes what I see

If behind the grail and new elm
the pink light saying welcome earthling

my biography as an atom
picture of my smile

is this what my body said

If I forget my notebook
if these gaps I feel are also the gaps
I am built inside, thinking it's all good

If the sun sharp and hot and still
but deep and clarifying, walking its boulevards

if bound by the most ignoble cords
if squatting in time

If every day a struggle, the blue copse speaking
sky arching over nothing—uh-huh

If every struggle ice-cream truck tinkle
interrupting the cosmological

if everyday strife, everyday *sprechen sie*
if everyday *uh*

is this what my body says
my buddy said

and if I die
and begin to lose consciousness
and the flag

There was this man we said
this W here even in private

I said in my letter
if I see you again

4.

A branch and the scent of pine in summer
the bridge and the water in the creek
the stones and the sound of water
the creek and my body
when hair and water flowed over me

If I am a bridge I am standing on, thinking,
saying goodbye to myself
when I stood by the water in life
thinking of my life, pine boughs
the hill next to water

The sun in the creek on the bridge
on my hair and pine boughs
in wind mixed with water,
one crow skating by, the life
of water, life of thinking
and moving, a crow passes by
this place in the mind, on my eye

5.

So the vocalise day imprinted a sound

I'm not stupid
I too unwind in the most circuitous fashion
I undress water directly

Who hasn't seen unnumbered sparrows
enter the silhouette of a tree

why shouldn't I come in from the cold

Sure, there is the monument
the grass and the plate it grows on

If the answer becomes sun
then sun inside, normal things, okay

the ribbon above our heads is not a banner

Scaling this leafy architecture
we say wind / night sky / moon / clouds / stars
if silver stands for syncopation

indeed, symphonic dailiness is felt order

I have felt it at the back of me,
light on the table, the book open

If we struggle for a name
if colors change

if mood is connected to naming, to color

If say a ship's in deep water
and a piece of sky empties the mind

or when I was frigate-tossed

if I wanted to go all over a word
and live inside its name, so be it

There is my body and the idea of my body
the surf breaking and the picture of a wave

Un pánico que todavía puede apoderarse de mí

Si hoy y hoy llamo en voz alta

Si me rompo en pedazos de purpurina sobre el asfalto
pedazos de sol, el estruendo

si los neumáticos gimen sobre el pavimento mojado
todo zumbando

Si vemos que estamos quietos en movimiento
y hemos llegado a la idea de Zenón, como

si el sol golpea el mármol y el mar se ilumina
podríamos saber que fuimos amados, somos amados
si las llamas y la cosecha, la llanura encantada

Si nuestros deseos se cumplen con tierra
y tomillo, cardo, aceite,
semillas heredadas y albahaca

o el resultado final es preocupación, caos
y si "ya debería saberlo"

Si nuestros amores están ungidos con misiles
fuego Apache, Tomahawks
¿seguimos las tablas que sugirieron los peregrinos?

Si pedimos que cada canción toque su origen
solo una vez y los años sumergidos

Si los problemas de identidad confunden a los sabios,
a los filósofos negligentes, a los administradores
quién puede decir me he encontrado

si esta vez tú, todo tú, esta vez ahora

Si nada salva a los sábados en el metro y
si la lluvia cae de costado a las puertas
de la plaza, sobre techos abuhardillados

Si las enumeraciones de la caída
y si cayendo, las ciudades se mecen
con chimeneas de gas al amanecer

¿Puedes rescindir la doble desnudez del fantasma
hambriento y menguante?

si los niños, soldados, niños
son derribados en la escuela

si el combustible está ardiendo

Quién no podría decir que haya visto esto
¿y podemos cantarlo?

si en las auroras que reflejan el mar,
gasa tocando el pecho

Qué pena para ti, hermoso cantante
sin adornos de laurel
hijo del trueno y también chivo expiatorio

Si la multitud en la mente deviene
multitud en calles y pueblos, y los trenes
corren al lado de la autopista

Si la salida es solo una señal

2.

No está bien querer cualquier cosa
Siempre, sé cielo específico

Puedo leer la estrecha línea sobre las colinas
El día deshila su bonita luz
y estoy aquí para verlo

Esto debe ser todo lo que hay
ahora mismo en el mundo

Hay cosas más allá del entendimiento

cosas que sabemos que no podemos
retener en la mente

Si el sol palpita como un tambor
cada cinco minutos

qué podemos hacer con esto

los 100.000 años que necesita un fotón
para alcanzar la superficie del sol

ocho minutos para golpear nuestros ojos

Si cada tarde la gravedad y el fuego
es así aquí

desnudo, desenvuelto

3.

Si hoy y hoy te hablo a ti, o
si tú/yo susurramos, tocamos, explicamos

Si ellos/tú odiáis esas frases
si nosotros luchamos por llegar a la cosa
el cuerpo y los otros ruidos

Si una W tropieza aquí incluso en privado
había este hombre dijimos
en todas partes entre nosotros

si el habla puede liberarnos

Si verano otoño invierno primavera
el día de la transmisión gira alrededor de mi cabeza
su mueca se asoma por ahí

cuando soy un tigre dentro de la zona desmilitarizada
o si soy un hombre tigre
si nadie cree lo que veo

Si detrás del grial y el olmo nuevo
la luz rosa dice bienvenido terrícola

mi biografía como un átomo
fotografía de mi sonrisa

¿es esto lo que dijo mi cuerpo?

Si olvido mi cuaderno
si estas lagunas que siento son también las lagunas
con las que estoy construido por dentro, pensando que todo está bien

Si el sol fuerte, caliente y quieto
pero profundo e iluminador, recorriendo sus boulevares
si atado por las cuerdas más innobles
si en cuclillas a tiempo

Si cada día es una lucha, el bosquecillo azul hablando
el cielo arqueándose sobre la nada, oh-eh

Si cada lucha tintinea como un camión de helado
interrumpiendo lo cosmológico

Si la lucha de cada día, el desperdicio de cada día
si cada día oh

¿es esto lo que dice mi cuerpo?
mi amigo dijo

y si me muero
y empiezo a perder el conocimiento
y la bandera

Había este hombre dijimos
esta W aquí incluso en privado

Dije en mi carta
si te vuelvo a ver

4.

Una rama y el olor a pino en el verano
el puente y el agua en el arroyo
las piedras y el sonido del agua
el arroyo y mi cuerpo
cuando el cabello y el agua fluían sobre mí

Si soy un puente sobre el que estoy parado, pensando,
diciéndome adiós a mí mismo
cuando estuve junto al agua en vida
pensando en mi vida, ramas de pino
la colina junto al agua

El sol en el arroyo sobre el puente
en mi cabello y en las ramas de pino
en el viento mezclado con agua,
un cuervo escapando, la vida
del agua, la vida del pensar
y del moverse, pasa un cuervo
este lugar en la mente, en mis ojos

5.

Entonces el día de la vocalización imprimió un sonido

No soy estúpido
también me devano de la manera más tortuosa
me desvisto agua directamente

Quién no ha visto incontables gorriones
entrar en la silueta de un árbol

por qué no debería yo resguardarme del frío

Claro, ahí está el monumento
la hierba y la lámina sobre la que crece

Si la respuesta se convierte en sol
luego sol adentro, cosas normales, ok

la cinta sobre nuestras cabezas no es una pancarta

Escalar esta frondosa arquitectura
decimos viento / cielo nocturno / luna / nubes / estrellas
si plata significa síncopa

por supuesto, la cotidianeidad sinfónica se siente como orden

Lo he sentido a mi espalda,
luz sobre la mesa, el libro abierto

Si luchamos por un nombre
si los colores cambian

si el estado de ánimo está conectado al nombrar, al color

Si digamos un barco está en aguas profundas
y un pedazo de cielo vacía la mente

o cuando yo era una fragata sacudida

si quisiera examinar una palabra
y vivir dentro de su nombre, que así sea

Está mi cuerpo y la idea de mi cuerpo
la rompiente y la imagen de una ola

Elsa Cross

Translated by Anamaria Crowe Serrano

Elsa Cross (Mexico, 1946) is a renowned poet whose collected works were published in Mexico as *Poesía completa (1964-2012)*. In addition to her poetry, she has authored several books of essays. She has been honored with the National Prize of Arts and Literature, Mexico's highest literary award, along with numerous other poetry prizes in countries such as Canada, France, Switzerland, and Italy. Fourteen of her poetry books have been published internationally. Elsa Cross holds a professorship in Philosophy at the National Autonomous University of Mexico.

Elsa Cross (México, 1946). Sus poemas recopilados se publicaron en México con el título *Poesía completa* (1964-2012). También es autora de varios libros de ensayos. Además del Premio Nacional de Arte y Literatura, máximo galardón literario de México, ha recibido numerosos premios de poesía en países como Canadá, Francia, Suiza e Italia. Catorce de sus poemarios han sido publicados en el extranjero. Es catedrática de Filosofía en la Universidad Nacional Autónoma de México.

The Wine-Red Sea

(On the Dionysus Kylix)

To Ursus Sartoris

O waves so red,
confluent streams
          where grapes and dolphins almost meet,
and the vertical mast,
now trunk and branches,
          spreads its arms east and west.
And the dolphins freely swim
          —old sailors
guarding the vessel.
And the sail bulging white
          under lavish grapes,
and the graceful ram at the prow,
what beach are they pointing at?
where will they dock
          if the blissful god
neither charts the course nor guides
but merely sips
the pleasant breezes
          and the sent of the wine-red sea?

El mar color de vino

[Sobre el Vaso de Exekías[1]]*

Para Ursus Sartoris

Oh mar tan rojo,
corrientes encontradas
casi juntan racimos y delfines,
y el mástil vertical,
vuelto cepa y sarmientos,
abre brazos a oriente y a poniente.
Y van a su albedrío los delfines—
  viejos marinos
custodiando la nave.
Y la vela tan blanca que se abomba
  bajo las uvas pródigas,
y el espolón gracioso de la proa,
¿hacia qué playa apuntan?
¿en dónde atracarán si el dios
  dichoso
no marca ruta o guía
y sólo bebe
los vientos placenteros
    y el aroma del mar color de vino?

1* Vaso o *kýlix* de Exekías (pintor griego del s. VI. a. C.) en la Gliptoteca de Münich.

From *Beyond The Sea*

Waves / 3

Green as eyes.
Insects copulating under the cane roof.
The chair's weave leaves its mark on our legs,
the imprint of lips on the wine glass.

Salts on the tip of our tongue,
in turns of phrase—

How can that dusty light against the dusk
        be measured
        faking pink marble
                                on the crags

Salts on the skin of the coastline—

pink marble on the grey crag?

Ah! Metaphors
        those liars,,
fleeting alloys
of the wishful eye
                and intangible beauty.

The afternoon is getting drunk
                        on its endless greenery,
setting its oxygens alight
    at summer's end.

Shimmers bristle among the silence
                                        and its pauses:
words threaded
on a subtle thread of thought.
The dream of not knowing.

And in the twofold ignorance,
in the impenetrable substrate
the horizon slides down our eyes.

Las olas / 3

Verdor de ojos.
Copulación de insectos bajo el techo de caña.
El tejido de las sillas se marca en las piernas,
la huella de los labios en la copa.

Sales en la punta de la lengua,
en los giros del habla—

¿Cómo medir
ese polvo de luz en el crepúsculo
fingiendo mármoles rosados
sobre el peñasco

Sales en la piel del litoral—

mármoles rosados
sobre el peñasco gris?

Ah mentirosas,
metáforas,
aleaciones fugaces
del ojo deseante
y la belleza inasible.

La tarde se embriaga
en un verdor ilimitado,
enciende en un extremo del verano
sus oxígenos.

Brillos se erizan entre el silencio
y sus pausas:
palabras ensartadas
en un hilo sutil de pensamiento.
Sueño del no saber.

Y en la doble ignorancia,
en el sustrato impenetrable
el horizonte resbala por los ojos.

Cicadas / 4

"The only instrument is passion."
The words open from inside a dream
dodging images,
weighty explanations.
Everything disappears,
like the invisible ink in children's games.
The throat constricts,
words get stuck in the mouth
repeating nothing but
"The only instrument is passion".

And what is passion?
Living on the edge of what is possible
or impossible,
clinging to something
—or letting it go
like releasing a loved goldfinch
from its cage.
Or one's own suffering
the burden of some delirious pleasure,
dazzled
by its whiteness and its sparkle,
astonished
by its twists,
the whim of a god
who can annihilate
in one second.

"The only instrument is passion."

From the darkness,
only the same room can be seen
        reflected in the windows.
Silence outside
                    —night of the cicadas.

Maybe their obstinate scream
                                        is passion
piercing the walls of the soul,
cleaving reality
until it becomes just that:
                                        a scream.

Las cigarras / 4

4

“El único instrumento es la pasión.”
Las palabras se abren desde el sueño
sorteando imágenes,
                    explicaciones sentenciosas.
Todo desaparece,
como tinta invisible de juegos infantiles.
La garganta se contrae,
las palabras se quedan en la boca,
y sólo repiten
                    “El único instrumento es la pasión.”

¿Y qué es pasión?
Vivir al borde de lo posible
                              o lo imposible,
aferrarse a algo
—o dejarlo ir
como se suelta de la jaula
                         un jilguero querido.
O sufrir en sí mismo
la carga de un gozo delirante,
encandilado
          en sus blancuras y sus brillos,
en sus vuelcos
               atónito,
capricho de un dios
que puede aniquilar
                    en un segundo.

"El único instrumento es la pasión."

Desde lo oscuro,
sólo se ve la misma estancia
reflejada en los vidrios.
Silencio afuera
—noche de las cigarras.

Tal vez sea pasión
su grito obstinado
penetrando las paredes del alma,
hendiendo la realidad
hasta volverla sólo eso:
grito.

Dithyrambs / 6

Wearing the abyss,
  when your name is called
you shed your darkest gleam
as you go by.
Drunk,
          more than those depths.
Smooth,
          more than the night with which you envelope me.
O, Dark One,
     O. Might One.
that's where you hide.
When you wake there is nothing left.

And I am between my dream
                              and your waking.
I go from my breath to your eyelid,
a pawn in a game
   —like things that are other
 that you annihilate
                              when you open your eyes.

Ditirambos / 6

Vestido del abismo,
desprendes de tu paso
    al ser nombrado
tu brillo más oscuro.
Ebrio,
        más que ese fondo,
Terso,
        más que la noche en que me envuelves.
Oh Tenebroso,
                oh Tremendo,
allí te escondes.
Cuando despiertas nada queda.

Y yo estoy entre mi sueño
                        y tu despertar.
Voy de mi aliento a tu párpado,
estoy en juego
        —como las cosas otras
        que aniquilas
                cuando abres los ojos.

Clara Janés

Translated by John Liddy

Clara Janés Nadal (Barcelona, Spain) is a Spanish writer recognized as a poet and a distinguished translator of various Central European and Eastern languages. Since 2015, she has occupied a seat in the Real Academia Española, becoming the tenth woman elected as a member of the RAE. Her literary career began with *Las estrellas vencidas*, followed by *Límite humano* (1974), *En busca de Cordelia* and *Poemas romanos* (1975). Her works include *Antología personal 1959-1979* (1979), *Libro de alienaciones* (1980), *Eros* (1981), and *Creciente fértil* (1989), among others. Her most recent books are *Según la costumbre de las olas* (2013), *Movimientos insomnes* (2014), and *Poética y Poesía* (2014).

Clara Janés Nadal, (Barcelona, Spain) es una escritora española de diversos géneros literarios. Es reconocida como poeta y destacada traductora de diferentes lenguas centroeuropeas y orientales. Desde 2015 ocupa un sillón en la Real Academia Española convirtiéndose en la décima mujer elegida miembro de la RAE. Su carrera literaria comienza con el libro *Las estrellas vencidas*, seguido de *Límite humano* (1974), *En busca de Cordelia* y *Poemas romanos* (1975), luego vendrán *Antología personal 1959-1979* (1979) y *Libro de alienaciones* (1980), *Eros* (1981), *Creciente fértil* (1989), entre otros. Sus tres últimos libros son: *Según la costumbre de las olas* (2013), *Movimientos insomnes* (2014) y *Poética y Poesía* (2014).

The Panther's Night

1

The sky of dusk
reveals
the panther's smell
and alerts
the hunters.
Run away, love,
and set fire to the forest;
I'll find you
following
the roads of ash
to the bottom of the crater
where our cradle
is.
Although
night's arrows
fall down
and I arrive
dying,
you will read through the bloodshed
the truth of my words …
Drink, love,
this cup of life,
that life, for me, is
this agony:
a perpetual offering
to desire
submitted
to mystery.

2

My body, this morning
with the birds,
in song transformed,
and the white-rose of the dawn,
and a breeze
that leads towards you,
and the clamorous
awakening
of love in calm
flowing from
the hours' freshness,
every via
towards the place
of your unkissed mouth
that already
breathes
the jasmines
of the day.

3

Autumn freshness
and rain,
and on the petunias
blood puddles
and the hand
that looks for a trace
in the void.
The panther
in the forest
is a reddish
smoke,
while drops

go on
smoothing
the longing
and a lance
sticks in the flesh
that also aspires
to the clear green
that takes shelter
in the leaves.

4

In a choir they say:
"You, the one with red eyes,
show us the sign in your breast".
And I become sand
so that the wind erases
all track.
"You, the one with red eyes,
where did you steal the fire?"
And I become water
that slips between their steps
and runs towards the birches.
The river collects me.
Shots
break the four points,
the golden oriole hides its mirrors,
and so the night's shape comes
and my surveillance
spreads over the bushes,
tensed
by one only thought:
When I'll find your lair
I'll die
like a deer.

5

The gypsies came:
baskets full of pears,
scarves strewn with coins.
We threw a stone up in the air
and the dance began
and we jumped over the bonfires.
The colts were frightened.
Blue hours passed
ploughing the field's sky.
My ankles became covered with
shamrocks,
your temples with verbenas.

6

Red bite
of your mouth
on me
the night
devours
white light
and white voices
to plant
the fire's
banner
with an earth anthem
urrows, furrows,
slides,
superimpositions,
and a black spring
that appears,
your fugitive loins,
your soft footsteps …

And the kiss opens,
and now I know that it was you
the pearl
that drew
all the world
in my dome,
from the sleepless lava
to the green gardens
that are yet running
through my veins.
And the thorns
that bloodied me
were your sweet claws,
and that solitude feigned
by the woods.

In pursuit of you
my head
despises
the blood puddles
thrown to the soul
y the hunters.

El cielo del ocaso

descubre el olor
de la pantera
y alerta
a los cazadores.
¡Huye, amor!
Y prende fuego
al bosque
que yo te encontraré
siguiendo
los caminos de ceniza
hasta el fondo del cráter
donde está
nuestra cuna.
Aunque caigan las flechas
de la noche
y llegue agonizante
leerás en la sangre derramada
la verdad de mis palabras…
¡Bebe, amor,
de esta copa de vida!
Que para mí es la vida
esta agonía:
una ofrenda perpetua
al deseo
sometido al misterio.

2

El cuerpo, esta mañana,
con los pájaros
en canto convertido,
y el rosicler del alba,
y una brisa
que hacia ti conducía,
y el entresueño
clamoroso
del amor en calma,
manando de la frescura
de la hora,
todo vía hacia
el lugar
de tu boca
no besada
que respira
ya
los jazmines
del día.

3

Frescor de otoño
y lluvia,
y sobre las petunias
charcos de sangre
y la mano
que busca un rastro
en el vacío.
La pantera
en el bosque
es un humo
rojizo,

mientras siguen
las gotas
pulimentando el ansia
y una lanza
se clava en la carne
que aspira también
al verde nítido
albergado
en las hojas.

4

A coro dicen:
"Tú, la de los ojos rojos,
descubre las señales de tu pecho."
Y yo me vuelvo arena
para que el viento borre
todo rastro.
"Tú, la de los ojos rojos,
¿dónde robaste el fuego?"
Y yo me vuelvo agua
que se desliza entre sus pasos
y corro hacia los abedules.
El río me recoge.
Los disparos
quiebran los cuatro puntos,
la oropéndola esconde sus espejos,
y así llega la forma de la noche
y mi acecho
se extiende por los matorrales,
tensado
por un solo pensamiento:
cuando halle tu guarida
moriré
como un ciervo.

5

Llegaron las gitanas:
cestas llenas de peras,
pañuelos sembrados de monedas.
Echamos una piedra al aire
y se inició la danza
y saltamos las hogueras.
Los potros se asustaron.
Pasaron horas azules
surcando el cielo de las eras.
Mis tobillos se llenaron de tréboles,
tus sienes de verbenas.

6

Rojo bocado
de tu boca
en mí:
la noche
devora
blanca luz
y voces blancas
para plantar
del fuego el
estandarte
con un himno de tierra.
Surcos,
deslizamientos,
superposiciones,
y un negro manantial
que irrumpe,
tus fugitivos lomos,
tu pisada suave …

Y se abre el beso
y ahora sé que eras tú,
aquella perla
que todo el mundo
dibujó en mi cúpula
desde la lava insomne
a los verdes jardines
que corren todavía
por mis venas.
Y los espinos
que me ensangrentaban
eran tus dulces garras,
y aquella soledad
fingida por el bosque …

En pos de ti
desprecia
mi cabeza
los charcos de sangre
arrojados al alma
por los cazadores.

Mónica Tracey

Translated Marta López Luaces and Rolando Pérez

Mónica Tracey (Junín, Buenos Aires, Argentina) is a journalist and poet. She was one of the founders of the magazine and publishing house Ultimo Reino, serving on the editorial board since its inception in 1979 and throughout its more than twenty years of existence. Her published poetry books include: *A pesar de los Dioses* (Último Reino, 1980), *Celebración Errante* (Último Reino, 1987), *Hablar de lo que se ama* (Último Reino, 1990) published with a Scholarship Fundación Antorchas, *Hablo en lenguas* (Último Reino, 1999), *Sobre la espalda del cielo* (Último Reino, 2008), which won the third prize "Fondo Nacional de las Artes" in 2007, and *Hay que dejar de ser hermosa* (Hilos Editora, 2018). Her poetry has been included in various anthologies, such as *Poetas Argentinas (1940-1960)*, selected by Irene Gruss, Ediciones del Dock, 2006; *Voix d'Argentine*, a bilingual edition in French and Spanish, selected and translated by Chantal Enright, Cahiers Bleus, Paris, 2006; *200 años de poesía rgentina*, selected and prefaced by Jorge Monteleone, Alfaguara, Buenos Aires, 2010; and *Antología Federal de Poesía, Provincia de Buenos Aires*, Consejo Federal de Inversiones, Buenos Aires, 2017.

Mónica Tracey (Junín, Buenos Aires, Argentina). Es periodista y poeta. Fue una de las fundadoras de la revista y editorial Último Reino, de cuyo consejo de redacción formó parte desde su creación en 1979 y durante los más de veinte años de su existencia. Ha publicado los siguientes libros de poesía *A pesar de los Dioses* (Último Reino, 1980), *Celebración Errante* (Último Reino, 1987), *Hablar de lo que se ama*, (Último Reino,1990), *Hablo en lenguas* (Último Reino, 1999), publicado con una Beca Fundación Antorchas. *Sobre la espalda del cielo*, (Último Reino 2008) obtuvo el Tercer premio "Fondo Nacional de las Artes" 2007 y *Hay que dejar de ser hermosa* (Hilos Editora, 2018). Su poesía fue incluida en las siguientes Antologías: "Poetas Argentinas" (1940-1960), selección de Irene Gruss, Ediciones del Dock, 2006, "Voix d'Argentine", selección y traducción de Chantal Enright, edición bilingüe francés y español, Cahiers Bleus, París, 2006, "200 años de poesía argentina", Selección y prólogo de Jorge Monteleone, Alfaguara, Buenos Aires, 2010 y "Antología Federal de Poesía, Provincia de Buenos Aires", Consejo Federal de Inversiones, Buenos Aires, 2017.

Love

Emptied of myself
it's me

Emptied of you
I'm a shadow
clearer
darker
according to the storm.

El amor

Vaciada de mí
soy yo

Vaciada de vos
soy una sombra
más clara
más oscura
según la tempestad.

Look inward
condense the gaze
until the eye hurts
and what it sees
to burn to see itself burn
to touch itself burning.

Mirar hacia adentro
espesar la mirada
hasta que duela el ojo
y lo que ve
arder verse arder
palparse ardiendo.

My whole body becomes touch
when I write
every part of me takes on a different density
takes on a different life
and emerges from the paper all tangled
without any distance between body and soul.

Mi cuerpo entero se vuelve tacto
cuando escribo
toma otro peso cada parte de mí
cobra otra vida
y sale del papel enmarañada
sin distancia entre cuerpo y alma.

7 DE MARZO, 2021

MARCH 27, 2021

Juana Castro

Translated by Marta López Luaces and Rolando Pérez

Juana Castro (Villanueva, Córdoba, 1945) is a Spanish poet. She recently won the *Premio de las Letras Andaluzas Elio Antonio de Nebrija* and, in 2019, the *Premio de Poesía Ciudad de Cabra.* In 2010, she received the National Critics Award and was distinguished with the Medal of Andalusia in 2007. Her publications include *Del color de los ríos* (Ferrol, Esquío, 2000), *El extranjero* (Madrid, Rialp (Adonais), 2000), *La jaula de los mil pájaros* (Málaga, Rafael Inglada, 2004), *Los cuerpos oscuros* (Madrid, Hiperión, 2005; Ediciones Tigres de Papel, 2016), *La Bámbola. Intrusos en la red* (EH Editores, Jerez, 2010), *Cartas de enero,* in *Heredad seguido de Cartas de enero* (Fundación José Manuel Lara, Sevilla, 2010), and *Antes que el tiempo fuera* (Madrid, Hiperión, 2019), among others.

Juana Castro (Villanueva, Córdoba, 1945) es una poeta española. Acaba de ganar el "Premio de las Letras Andaluzas Elio Antonio de Nebrija", en 2019 ganó el "Premio de Poesía Ciudad de Cabra". Y en 2010 ganó el Premio Nacional de la Crítica y en 2010 ha sido distinguida con la Medalla de Andalucía. Publicó Del color de los ríos, Ferrol, Esquío, 2000, -El extranjero, Madrid, Rialp (Adonais), 2000, La jaula de los mil pájaros, Málaga, Rafael Inglada, 2004, Los cuerpos oscuros, Madrid, Hiperión, 2005 ; Ediciones Tigres de Papel, 2016, La Bámbola. Intrusos en la red, EH Editores, Jerez 2010, Cartas de enero, en Heredad seguido de Cartas de enero, Fundación José Manuel Lara, Sevilla 2010, Antes que el tiempo fuera, Madrid, Hiperión, 2019, entre otros.

Mirrors

The wolf descends to the plain and bites the windows.
Not with teeth, but with its enlarged and
hungry pupils.
She looks with envy at the windows,
their lamps lit and their shadows
hidden.

Because she wanders alone, cold without a place,
and there, behind the windows,
something crouches down
that she still does not know what it is,
but it beats and it´s lives.

The wolf descends to the river and looks up,
and it howls to the windows
that shines like suns
and drills the night
so sad of life.
Who loves? How many are eating?
How will the chair look?

The wolf licks the soil, and licks the windows
lit by the light,
and its red pupils
are a rancorous of cold.

Espejos

Baja la loba al llano, y muerde las ventanas.
No con dientes las muerde, sino con sus pupilas
agrandadas y hambrientas.
Con envidia las mira, a las ventanas,
sus lámparas, sus sombras
ocultas y encendidas.

Porque ella vaga sola, sin lugar y con frío,
y allí, tras los cristales,
se agazapa ese algo
que aún no sabe qué es,
pero que late y vive.

Baja la loba al río y mira arriba,
y aúlla a las ventanas
que brillan como soles
y taladran la noche
tan triste de la vida.
¿Quién ama? ¿Cuántos comen?
¿Cómo será la silla?

Lame la loba el suelo, y lame las ventanas
encendidas de luz,
y sus pupilas rojas
son un livor de frío.

Mother

And I am now the one who has you,
mother, I am at your mercy, uneasy.
Your tiny bones
and your skin of plum which, if I speak,
breaks down. I soap your belly
and my fingers slip by your gloomy
nipples and your buttocks.

My mother, my girl, fulfill
this dark investment, and we have
your scars I, your heart my years.

Madre

Y soy yo quien ahora te tiene,
madre mía, a su merced, turbada.
Diminutos tus huesos
y tu piel de ciruela que, si hablo,
se rompe. Enjabono tu vientre
y mis dedos resbalan por tus mustios
pezones y tus nalgas.

Madre mía, mi niña, cúmplase
esta oscura inversión, y tengamos
tus cicatrices yo, tu corazón mis años.

Jenny Xie

Translated by Marta del Pozo

Jenny was born in Hefei, China and grew up in New Jersey. She is the author of *Eye Level* and *The Rupture Tense*, National Book Award finalists, and has also received awards from the Academy of American Poets and the Holmes National Poetry Prize. Marta del Pozo translated *Eye Level* for Vaso Roto..

Jenny nació en Hefei, China y se crio en New Jersey. Es la autora de *Eye Level*, libro finalista del National Book Award y *The Rupture Tense.*Ttambién ha recibido reconocimientos de la Academia de los Poetas Americanos y del Premio Nacional de Poesía Holmes. Marta del Pozo tradujo *Eye Level* para la editorial Vaso Roto.

Origin Story

I was profligate like a floodlight to the sun.
Hoarded saccharine and toothmarks,

wanted only the thickest rhymes, two of each.
Full I was of promises I never intended to keep:
puckered laughter, lines to feast.

I let everyone who entered my life enter through me.

Demanded nonsense love and bodies that would ring.
Not to mention higher kilowatts
of creeping joy, more red in everything—

Historia de los orígenes

Era pródiga como un reflector al sol.

Acopiaba sacarina y objetos con marcas de dientes,
tan solo quería las rimas más sustanciales, dos de cada.

Estaba llena de promesas que no tenía intención de cumplir:
risas fruncidas, versos que festejar.

Permití a todos los que entraban en mi vida que entrasen a través
de mí.
Exigí un amor sin sentido y cuerpos resonantes.

Por no mencionar kilovatios más altos
de trepadora alegría, más rojo en todo —

Rootless

Between Hanoi and Sapa there are clean slabs of rice fields
and no two brick houses in a row.

I mean, no three—
See, counting's hard in half-sleep, and the rain pulls a sheet

over the sugar palms and their untroubled leaves.
Hours ago, I crossed a motorbike with a hog strapped to its seat,

the size of a date pit from a distance.
Can this solitude be rootless, unhooked from the ground?

No matter. The mind resides both inside and out.
It can think itself and think itself into existence.

I sponge off the eyes, no worse for wear.
My frugal mouth spends the only foreign words it owns.

At present, on this sleeper train, there's nowhere to arrive.
Me? I'm just here in my traveler's clothes, trying on each passing
town for size.

Desarraigada

Entre Hanoi y Sapa hay losas limpias de campos de arroz
y ni dos casas de ladrillo seguidas.

Es decir, ni *tres* —
Ya ves, es difícil contar medio dormida, y la lluvia descorre un velo

sobre las palmas de azúcar y sus indolentes hojas.
Hace unas horas, me crucé con una motocicleta con un puerco
amarrado al asiento,

que en la distancia era del tamaño del hueso de un dátil.
¿Puede esta soledad estar desarraigada, desenganchada del suelo?

No importa. La mente reside dentro y fuera.
Puede pensarse a sí misma y pensarse en la existencia.

Me restriego los ojos. Se diría que parecen nuevos.
Mi frugal boca malgasta las únicas palabras extranjeras que posee.

Por el momento, en este coche-cama, no hay donde llegar.
¿Yo? Aquí estoy con mis ropas de viaje, probándome la talla de
cada pueblo que pasa.

Rafael Soler

Translated by Marta López Luaces and Rolando Pérez

Rafael Soler (Valencia, Spain, 1947) published seven books of poetry: "The Interior Sites" (1980, runner-up for the Juan Ramón Jiménez Prize), "Maneras de Volver" (2009), "The Letters I Should" (2011) , "Acido almíbar" (2014, Valencian Literary Criticism Award) "You are nobody until they shoot you" (2016) "The reasons of the thin man" (2021) and "Memory and no" (2024), as well as the personal anthology "Life in a Fist" (2012), and "Read After Burning" (2018) and "Too Much Crystal for This Stone" (2020), both in the care of Lucía Comba. "Living is a personal matter" (2021) collects his complete work. He is also the author of six novels and two books of stories. He has been invited to read his poems in more than fifteen countries, and his books have been published in France, Hungary, Japan, Italy, the United States, Ecuador, Paraguay, Bolivia, Honduras and Peru. Vice President of Vicepresidente de la Asociación Colegial de Escritores de España (ACE) since 2015. Host of the Literary Mondays gathering at Café Comercial (Madrid) since 2017.

Rafael Soler (Valencia, España, 1947) Ha publicado siete libros de poesía: "Los sitios interiores" (1980, accésit del Premio Juan Ramón Jiménez), "Maneras de volver" (2009), "Las cartas que debía" (2011), "Ácido almíbar" (2014, Premio de la Crítica Literaria Valenciana) "No eres nadie hasta que te disparan" (2016) "Las razones del hombre delgado" (2021) y "Memoria y no" (2024), así como la antología personal "La vida en un puño" (2012), y "Leer después de quemar" (2018) y "Demasiado cristal para esta piedra" (2020), ambas al cuidado de Lucía Comba. "Vivir es un asunto personal" (2021) recoge su obra completa. Autor también de seis novelas y dos libros de relatos.Ha sido invitado a leer sus poemas en más de quince países, y libros suyos han sido publicados en Francia, Hungría, Japón, Italia, Estados Unidos, Ecuador, Paraguay, Bolivia, Honduras y Perú. Vicepresidente de la Asociación Colegial de Escritores de España (ACE) desde 2015. Anfitrión de la tertulia Lunes Literarios de Café Comercial (Madrid) desde 2017.

Zoom Out

(Pure Cinema)

Daylight outside
landscape with apples

panoramic view showing almost everything
except you

sound of voices approaching
with a distant echo of horse hooves
birds on a branch undeserving the wind

in the middle of the scene
two men with swords fight to the death
free of debts and mortgages

and in seats number seven and nine
velvet, center section

slow zoom and piano music
while you boldly open
your sandwich and your skirt.

Se nos apaga el mundo

(Cine puro)

Exterior día
paisaje con manzanas

plano general que muestra casi todo
menos tú

ruido de voces que se acercan
con un eco lejano de cascos de caballo
pájaros también en una rama que no merece el viento

en el centro de la imagen
dos hombres pelean con espadas por su vida
todavía sin deudas ni títulos de crédito

y en las butacas numeradas siete y nueve
pasillo central y terciopelo

lento zoom con música de piano
mientras abres descarada
el pan de la merienda y de tu falda.

A Quick Taste of Silvia Eliade

Sweet, balsamic, enveloping,
fresh on the nose with red fruit,
with a final memory of low mountains,
nutmeg, and lost youth.

Silvia Eliade
three days in an old oak country house
oceanfront, with Jacuzzi

vintage 1982
private reserve

willing mouth
for your sweet bottled neck

Cata apresurada de Silvia Eliade

Golosa balsámica envolvente
fresca en nariz fruta roja
con un recuerdo final de monte bajo
de nuez moscada y juventud perdida

Silvia Eliade
tres días en caserón de roble
con Jacuzzi frente al mar

cosecha del ochenta y dos
reserva ducal

ávida boca
para tu dulce cuello embotellado.

Ida Vitale

Translated by Sarah Pollack

We were not able to publish the poems read by Vitale at the Bilingual Poetry Reading because of publishing rights. She sent other poems for this publication.

Ida Vitale (Montevideo, 1923) published her first collection of poetry, *La luz de esta memoria* in 1949, making her one of the most prominent figures in the group of writers that Emir Rodríguez Monegal named the Generation of 1945. Her many collections of poetry are gathered in the volume *Poesía reunida*, published in 2017. As a poet, she has been recognized with numerous awards of the highest prestige: the Octavio Paz Prize (2009), the Carlos Monsiváis Medal for Cultural Merit to Mexico City (2010), the Alfonso Reyes Prize (2014), the Queen Sofía Prize in Ibero-American Poetry (2015), the Federico García Lorca International Poetry Prize (2016), the Max Jacob Prize (2017), the Guadalajara International Book Fair Prize (2018), the Miguel de Cervantes Prize (2019), the Homer European Medal of Poetry and Art (2023), and an honorary doctoral degree from the Universidad de la República Oriental del Uruguay. Vitale has also written various works of prose: *Léxico de afinidades, Donde vuela el camaleón, De plantas y animales, El ABC de Byobu* and *Shakespeare Palace.* Her rich literary trajectory includes numerous translations from the French and Italian of authors such as Jules Supervielle, Simone de Beauvoir, Gaston Bachelard, Molière, and Luigi Pirandello, among many others. Over the decades, she has collaborated in important literary publications and newspapers including *Marcha, Eco, Plural, Vuelta*, *El País* and *Época,* and helped found the magazine *Clinamen*.

Ida Vitale (Montevideo, 1923) publicó su primer poemario, *La luz de esta memoria*, en 1949, convirtiéndose en una de las figuras más destacadas del grupo de escritores que Emir Rodríguez Monegal denominó la Generación de 1945. Sus numerosos poemarios están reunidos en el volumen *Poesía reunida*, publicado en 2017. Como poeta, ha sido reconocida con numerosos premios del máximo prestigio: el Premio Octavio Paz (2009), la Medalla Carlos Monsiváis al Mérito Cultural de la Ciudad de México (2010), el Premio Internacional Alfonso Reyes (2014), el Premio Reina Sofía de Poesía Iberoamericana (2015), el Premio Internacional de Poesía Federico García Lorca (2016), el Premio Max Jacob (2017), el Premio Feria Internacional del Libro de Literatura en Lenguas Romances de Guadalajara (2018), el Premio de Literatura en Lengua Castellana Miguel de Cervantes (2019), la Medalla Europea de Arte y Poesía "Homero" (2023), y el doctorado honoris causa por la Universidad de la República Oriental del Uruguay. Vitale también ha escrito varias obras en prosa: *Léxico de afinidades*, *Donde vuela el camaleón*, *De plantas y animales*, *El ABC de Byobu* y *Shakespeare Palace*. Su rica trayectoria literaria incluye numerosas traducciones del francés y el italiano de autores como Jules Supervielle, Simone de Beauvoir, Gaston Bachelard, Molière y Luigi Pirandello, entre muchos otros. A lo largo de las décadas, ha colaborado en importantes publicaciones literarias y periódicos como *Marcha*, *Eco*, *Plural*, *Vuelta*, *El País* y *Época*, y ayudó a fundar la revista *Clinamen*.

Montevideo, 2

Montevideo was simple and green,
fragile from so many straight lines,
angles like corners for dreams
so long as fortune assisted them.

But on top of history's writing
which someone may later decipher,
naïveté and mistakes have passed
and the palimpsest of deception was born.

Trust and joy were washed away,
an appetite for open-hearted wind.
Will they return in the windows' glow?
Does farsightedness render all things futile?

Can the young reclaim
the soul's domain that took from them
a carnival that persists in the sorrow
of those who silence distortions?

Montevideo, 2

Montevideo era sencilla y verde,
quebradiza de tanta línea recta,
ángulos como esquinas para el sueño
mientras a éste lo ayudó la suerte.

Pero sobre lo escrito por la historia
que alguien quizá sabrá leer mañana,
ingenuidad y errores han pasado
y nació el palimpsesto de la trampa.

Se lavó la confianza y la alegría,
el gusto a abierto corazón del viento.
¿Regresarán en luz de las ventanas?
¿Tanta presbicia vuelve inútil todo?

Los jóvenes, ¿podrán ganar de nuevo
el campo de alma que les ha quitado
un carnaval que dura en la tristeza
de los que callan lo tergiversado?

Reliquaries

The dog's nostalgic paw on your knee,
the horse's grateful muzzle on your blouse,
the ambitious stillness of a toad caressed,
the trust the European robin puts in your hand.

Relicarios

La nostálgica pata del perro en tu rodilla,
el belfo agradecido del caballo en tu blusa,
la quietud ambiciosa del sapo acariciado,
la confianza en tu mano del petirrojo inglés.

The Language of Hansel

Lost in the thicket
of language,
you scattered tiny pebbles,
signs of salvation,
for the wary to gather.
This was not ephemeral bread.
However inedible,
the earth swallows them up.

And still you press on
into the silent forest,
even as you see it closing
behind your steps.

El lenguaje de Hänsel

Perdida en la espesura
del lenguaje,
dejaste caer guijarros mínimos,
signos de salvación,
para que los recogiese el advertido.
No era efímero pan.
Pero, incomibles,
se los traga la tierra:

Y sigues penetrando
en la floresta silenciosa,
aunque la veas cerrarse
tras tus pasos.

Meeting

Once there was a forest of words,
an ambushed rain of words,
a vociferous or tacit
convention of words,
a delicious, whispering moss,
a subtle clamor, an oral rainbow
of possible, mild, oh-so very mild dissent,
there was the pro and the con,
the yes and the no,
trees multiplied,
with a voice in every single leaf.

Never again, silence
would say.

Reunión

Érase un bosque de palabras,
una emboscada lluvia de palabras,
una vociferante o tácita
convención de palabras,
un musgo delicioso susurrante,
un estrépito tenue, un oral arcoíris
de posibles oh leves leves disidencias leves,
érase el pro y el contra,
el sí y el no,
multiplicados árboles
con voz en cada una de sus hojas.

Ya nunca más, diríase,
el silencio.

APRIL 24, 2021

24 DE ABRIL, 2021

Viktor Gómez Ferrer

Translated by Marta López Luaces and Rolando Pérez

Viktor Gómez Ferrer (Madrid, 1967) is a poet. His recent works include *¿Bailás? Le dice la soga al ahorcado, seguido de Siseo* (Espacio Hudson, 2021), *surplus* (La Garúa Ed., 2019), *Mediodía* (Eolas Ed., 2016), *Poverty* (Calambur, 2013), and *Incompleto* (Ed. 4 August, 2010). He has edited several poetry collections, including *Lengua de agua* (Eolas), *Libros de la hospitalidad* (OléLibros), and *ONCE* (Amargord Ed.), as well as the essay collection *Nuevos mapas para el S. XXI* (Eolas Ed.). Gómez Ferrer is deeply committed to social causes, working with NGOs to support migrants, individuals with criminal records, and those living in poverty. He is a member of Casal de la Pau, Valencia És Refugi, and Acció Poética Refugiats. Additionally, he co-founded the New World Club and collaborates with the journal Trendendencias21.

Viktor Gómez Ferrer (Madrid, 1967) es poeta. Entre sus últimos libros destacan *¿Bailás? Le dice la soga al ahorcado, seguido de Siseo* (Espacio Hudson, 2021), *excedente* (Ed. La Garúa, 2019), Mediodía (Ed. Eolas 2016), *Pobreza* (Calambur, 2013) e *Incompleto* (Ed. 4 Agosto, 2010). Es editor de los poemarios: *Lengua de agua* (Eolas), *Libros de la hospitalidad* (OléLibros) y *ONCE* (Amargord Ed.), así como de la colección de ensayo *Nuevos mapas para el S. XXI* (Eolas Ed.). Colabora con una ONG que ayuda a inmigrantes, personas con antecedentes penitenciarios y pobreza. Es miembro del Casal de la Pau, Valencia És Refugi, Acció Poética Refugiats. Es cofundador del Club Nuevo Mundo y colabora con la revista Trendendencias21.

i

The carpenters have not finished the bridge   they don't find wood
that it is neither burnt nor wet broken rotation of   useless days
and without bridge there is no
poetry

i

los carpinteros no acaban el puente   no encuentran madera
que no esté quemada   o húmeda   rota rotar de   días inútiles
y sin puentes
no hay poesía

fear

in the discord of the light and the body—old moles—we have
violently encountered
brightness

and given the moment the left-handed calligrapher's tiles *soften the* listening and take out of the cash box the coins to cross in red traffic lights allow the implausible to ferment not to utter the cage

miedo

en la discordia de la luz y el cuerpo — viejos topos — hemos
tropezado violentamente con las claridades

y en la tesitura teselas del calígrafo zurdo *hablandar* la escucha y *deshuchar* sus monedillas cruzar en rojo los semáforos dejar que fermente lo inverosímil no pronunciar la jaula

Subtracting words (against what is decipherable)

I

subtract words, address from an inner silence, view with touching eyes, to divest so as to get soaked, refine a music of meaning, peek into the abyss and sing, if all that is poetry, what a privileged resistance, all the dirty tools, the dark heart, bright eyes, in order not to say, to say no. Do we have to open the doors? I do not know, what my body asks of me the light denies, that which the light alters keeps me alert. The closed doors keep the gloom in which I can see. What is there to see outside of what has already been seen? Who is your enemy? I do not know how to stop doing what is useless ≠ nor return to the non-action ± or far or near ÷ disconnected ≠ at least by cables Σ of impulsivity and addictive, the error of largest magnitude of our time is the excess of speed, impossible to do the impossible that offset ≤ The challenge is knowing how to balance silence, desire and word—the word will have greater capacity to say to the extent that the silence will have more space to stop breathing, to walk, to meet, so now, in the poems, slowness and white spaces, are winning the match to the phrasing, reading and loud silence ≥ they take priority, the poem is substantially more than I or its algorithm.

II

I'm exhausted in the light of the vertigo. now, the poem taken to the abyss, release it as a stone that we love as a bird.—we know ourselves to be feeling and felt stones: that fly—are we only flight? (re)solved, to be or not to leave without being what we love, what is released is adventure, possibility, nowness. Do we drop let go that which we do not seize? Flight will become stone in order to be loved ∫ also shadow, to gleam, drum. the clarity never ceases to be the erasure of the song. – love shuts down the vicinity of death. "*the tiredness of the verbs, the fable of names:—what is it they slander, now that we left*?"

III

What is this air that can only be breathed in the possibility of the music? What occupation, survival, do you demand, in the dialogue with the rose, with the abyss and the incessant *night snow*? Who would know how to say just enough with precision? What made, your presence, poetry, so inescapable as to be saved from the lies? Do you weigh the body in the slowness of the unthinkable or do you subtract its resistance to hide what it is seen between the skin, the quantum, and the silence? What testimony, shadow, alludes with calligraphy the orphan's writing, what can be saved, unappeable, broken, and truthful, but the absent voice?

V

orgasm = naïve way to deceive the (life)death ± if two can fool them, could we call such wit a flight from emptiness?

Restar palabras (contra lo descifrable)

I

restar palabras, atender desde un silencio interior, ver con ojos táctiles, despojarse para empaparse, afinar una música de sentido, asomarse al abismo y cantar, si todo eso es poesía, qué privilegio de resistencia. todas las herramientas sucias, el corazón oscuro, los ojos brillantes. por no decir, decir no. ¿hemos de abrir las puertas? no sé, lo que me pide el cuerpo lo niega la luz, lo que la luz altera me mantiene en alerta. las puertas cerradas mantienen la penumbra en la que puedo ver. ¿Qué no hay que ver afuera de lo visto? ¿Quién es tu enemigo? no sé dejar de hacer lo inútil ≠ ni volver a la no acción ± ni lejos ni cerca ÷ desconectado ≠ al menos por los cables Σ de la impulsividad y lo adictivo. el error de mayor envergadura de nuestro tiempo es el exceso de velocidad. imposible lo imposible a ese desfase ≤ El reto está en saber equilibrar silencio, deseo y palabra — la palabra tendrá más capacidad de decir en la medida en que el silencio tenga más espacio para dejar respirar, caminar, atender. así ahora, en los poemas, la lentitud y los espacios blancos, van ganándole la partida al fraseo. el leer y el callar en voz alta ≥ ellos son prioridad. el poema es sustancialmente mucho más que un yo o su algoritmo.

II

—*estoy agotado en la luz del vértigo*. ahora, llevado el poema al abismo, soltarlo como una piedra que amamos como a un pájaro. - nos sabemos piedras sentientes y sentidas: que vuelan - ¿somos sólo vuelo? lo (re)suelto, para ser o no dejar sin ser lo que amamos, lo suelto es aventura, posibilidad, ahoridad. ¿soltar lo que no asimos? vuelo que se hará piedra para poder ser amado ∫ también sombra, entreluz, tambor. la claridad no deja de ser la borradura del canto. –el amor nos clausura una vecindad con la muerte. *"el cansancio de los verbos, la fábula de los nombres: –qué calumnian, ahora que nos fuimos?"*

III

¿qué aire es éste que se respira sólo en la posibilidad de la música? ¿qué oficio, supervivencia, exiges, en el diálogo con la rosa, el abismo y la *nochenieve* incesante? ¿quién sabría cómo decir lo suficiente con precisión? ¿qué hizo, poesía, tu presencia, tan ineludible sino salvarse de las mentiras? ¿pesar el cuerpo en la lentitud de lo impensable o restar su resistencia a ocultar lo visto entre la piel, la cuántica y el silencio? ¿qué testimonio, sombra, alude con caligrafía la escritura del huérfano, ¿qué salvar, inapelable, rota y veraz, sino la voz ausente?

V

orgasmo = modo ingenuo de engañar a la (vida)muerte ± si se la engaña entre dos, ¿a ese ingenio se le podría llamar fuga del vacío?

Yolanda Pantin

Translated by Rowena Hill, Marta López Luaces, Rolando Pérez and Steven F. White

Yolanda Pantin (Caracas, Venezuela, 1954). Her poetry books are: *Casa o Lobo*, 1981, *Correo del Corazón*, 1985; *La Canción Fría*, 1989; *Poemas del Escritor*, 1989; *El Cielo de París*, 1989; *Los Bajos Sentimientos*, 1993; *La Quietud*, 1998; *La Épica del padre*, 2002; *Poemas Huérfanos*, 2002; *El Hueso Pélvico,* 2002; *Épica del padre*, 2002; *País*, 2007; *21 caballos*, 2011; *Bellas Ficciones*, 2016; 2007; *Lo que hace el tiempo*, 2017; *País, Poesía Reunida* 1981-2011, 2014. Premio Fundarte de Poesia, 1989; Guggenheim Fellow, 2004; Rockefeller Foundation Bellagio Center residency, Premio de Poesía "Poetas del Mundo Latino Víctor Sandoval", Aguascalientes, México; XVII Premio Casa de América de Poesía Americana, Madrid, España. Premio de Poesía Federico García Lorca, 2020, Granada, España.

Yolanda Pantin (Caracas, Venezuela,1954). Sus libros de poesía son: *Casa o Lobo*, 1981, *Correo del Corazón*, 1985; *La Canción Fría*, 1989; *Poemas del Escritor*, 1989; *El Cielo de París*, 1989; *Los Bajos Sentimientos*, 1993; *La Quietud*, 1998; *La Épica del padre*, 2002; *Poemas Huérfanos*, 2002; *El Hueso Pélvico,* 2002; *Épica del padre*, 2002; *País*, 2007; *21 caballos*, 2011; *Bellas Ficciones*, 2016; 2007; *Lo que hace el tiempo*, 2017; *País, Poesía Reunida* 1981-2011, 2014. Premio Fundarte de Poesia, 1989; Guggenheim Fellow, 2004; Rockefeller Foundation Bellagio Center residency, Premio de Poesía "Poetas del Mundo Latino Víctor Sandoval", Aguascalientes, México; XVII Premio Casa de América de Poesía Americana, Madrid, España. Premio de Poesía Federico García Lorca, 2020, Granada, España.

Fallen Angel II

Translated by Rowena Hill

The woman with straight hair
drawn back
on her neck
lightly shaded
in blue
like her eyes
occupies
in the symmetrical composition
the center of the photo
Behind her to her left
an Angel
detached from her shoulder
looks up to heaven
with his folded wings
There is no stain on his airy state
his pure spirit
although
from the pink shell of his ear
doubt rises, like fire.

Angel caido II

La mujer del cabello lacio
recogido
en la nuca
sombreada
levemente de azul
como los ojos
ocupa
en una composición simétrica
el centro de la fotografía
Detrás de ella
a su izquierda
un Ángel
desprendido del hombro
mira al cielo
con las alas plegadas
No hay mácula en su condición aérea
en su espíritu puro
aunque
de la concha rosada de su oreja
surja, como el fuego, la duda

This is the poem of the two heads

This is the poem of the two heads
Sun

Severed Neck
rests on the grass

Proud Head departed to the Autrales

Sun
Severed Neck
let an insect
flutter al his lips

and slept for an instant

Proud Head tired from his journey pulled his lover by the feet

They chattered for a long time

One storm followed anotherbut these heads had a lot to say
to each other

Sun
Severed Neck
jumped on to the snow

and placed its lips on the swollen mouth that was boiling
over a cauldron of words

They told each other their life stories

This was all they had to tell each other their lives their loves

Night found them under an ice block

—the wind was wailing in the white landscape—
'It's a omen'

said Sun
Severed Neck

'Don't pay attention'

Proud Head felt panic
and their ears collided in a long embrace

Poema de las dos cabezas

Este es el poema de las dos cabezas
Sol

Cuello Cortado
descansa sobre la hierba

Cabeza Soberbia partió a los Australes

Sol
Cuello Cortado
dejó que un insecto
revoloteara en sus labios

y durmió un instante

Cabeza Soberbia cansada del viaje haló de los pies a su amante

Estuvieron parloteando un largo rato

Una tormenta siguió a la otra m*ás* estas cabezas tenían mucho que decirse

Sol
Cuello Cortado
saltó sobre la nieve

y posó sus labios sobre la boca tumefacta que hervía
sobre un hervidero de palabras

Se contaron sus vidas

Esto era todo lo que tenían que decirse sus vidas sus amores

La noche las encontró bajo un bloque helado

—el viento ululaba en el paisaje blanco—
"Es un presagio"

dijo Sol
Cuello Cortado

"No hagas caso"

Cabeza Soberbia sintió pánico

y entrechocaron sus orejas en un largo abrazo

Francisco X. Fernández Naval

Translated from the Galician by Craig Patterson y de Paul Manserg

Francisco X. Fernández Naval (Ourense, Galicia, Spain 1956) is a Galician novelist and poet. He is the author of the following books of poetry: *Mar de Lira*, *Miño*, Cidade de Ourense prize 2006, *Bater de sombras*, Fiz Vergara Vilariño prize 2010 and *New York ceo e mazá*, published in Galician, Spanish and English by the New York publishing house Artepoética Press. He investigated the link between the writer Julio Cortázar and Galicia: *Breathing through the language: Galicia and Julio Cortázar* and *The Galician dream of Julio Cortázar*. His poetry, novels and travel books have been translated into several languages, including Spanish, French, English, Arabic, Russian, Portuguese, Catalan and Basque.

Francisco X. Fernández Naval (Ourense, Galicia, España 1956) es un poeta y novelista gallego que escribe en lengua gallega. Es autor de los siguientes libros de poemas *Mar de Lira*, *Miño*, Cidade de Ourense prize 2006, *Bater de sombras*, Fiz Vergara Vilariño Vergara Vilariño prize 2010 and *New York ceo e mazá*. Investigó el vínculo entre el escritor Julio Cortázar y Galicia *Respirando por la lengua: Galicia y Julio Cortázar y El sueño gallego de Julio Cortázar.* Sus poemas, novelas y libros de viajes se han traducido a varios idiomas, entre ellos el español, el francés, el inglés, el árabe, el ruso, el portugués, el catalán y el vasco.

Mist

Explanation: Skippers of fishing boats that sail by a same sea area often talk to each other through the FM stations, noting their positions to each other. Between the fog, on the invisible sea, it transmits an echo that, sometimes, as in this poem, produces a sets of words that change the meaning, the lexicon and are, therefore, untranslatable (N. T.).

Shadow's lightning,
so it's the voice of the Finisterre sea
when fog´s constancy
absorbs the awakening of the day.
Of men only the voice is left
like Cyclopes' song
Se-se-be, se-be, se-be, Char-quei-ra, eira, ei-ra, Pe-tón-fe-ro, fe-ro, ero
projected against the shapeless
sea's waves.
Navigating over nothingness.
that is the courage of the men fishing
at the edge of an echo.
Gol-fei-ras, ei-ras, ei-ras, ca-la-fa-to, fa-to, fa-to
here Pa-rra-io, ra-io, ra-io, aquí Jau-cho, u-cho, u-cho,
here Cha-ma-co, ma-co,ma-co
Three breams, three angels, the three,
by forty pounds of octopus
in the troll-bait.

Borraxeira

Berro de alén mar,
así é o bruar da luz da findaterra
cando a constancia da brétema
absorbe o espertar do día.

Dos homes só resta entón a voz
coma canción de ciclope:
Se-se-be, se-be, se-be, Char-quei-ra, eira, ei-ra, Pe-tón-fe-ro, fe-ro, e-ro
proxectada contra as ondas
do mar informe.

Navegar sobre a nada.
Ese é o valor dos homes que faenan
sobre o gume dun eco.
Gol-fei-ras, ei-ras, ei-ras, ca-la-fa-to, fa-to, fa-to
Aquí Pa-rra-io, ra-io, ra-io, aquí Jau-cho, u-cho, u-cho,
aquí Cha-ma-co, ma-co, ma-co,
Panchos tres, anxos tres, os tres,
por corenta quilos de polbo
na cacea encarnada.
Aqui Tu-tu-a, tú-a, tú-a, Ja-vi-lán, vi-lán, vi-lán, Pis-to-las, to-las, to-las.

Canción de ciclope,
fantasmas alterando o GPS
homesó na eira contra a brétema.

Presadas de salitre,
homesó, homemar, por fóra dos Forcados, sobre a coca da barra.

Cen polbos na cacea, unha pedra na casa
e unha tella virada de esperanza.
Bruada de alén mar na borraxeira,
cen mañás entre brétema e salseiros.
Pegadas de memoria no carreiro da illa,
lembranza doutros homes no carreiro da laxe.
Mar-de-lira, Mar-de-li-ra, de-li-ra, de-li-ra
constancia de alén mar,
sorte en-carnada.

Niebla

Relámpago de sombra.
así es la voz del mar del fin del mundo
cuando la constancia de la niebla
absorbe el despertar del día.

De los hombres queda únicamente la voz
como canción de cíclope:
Se-se-be, se-be, se-be, Char-que-ira, eira-eira, Petón fero, fe-ro, fe-ro
proyectada contra las olas
del mar informe.

Navegar sobre la nada.
Ese es el valor de los hombres que faenan
Sobre el filo de un eco.
Gol-fei-ras, ei-ras, ei-ras, ca-la-fa-to, fa-to, fa-to
aquí Pa-rra-io, ra-io, ra-io, aquí Jau-cho, u-cho, u-cho,
aquí Cha-ma-co, ma-co, ma-co,
Panchos tres, ángeles tres, los tres,
por cuarenta quilos de pulpo
en la cacea encarnada.
Aquí Tu-tu-a, tú-a, tú-a, Ja-vi-lán, vi-lán, vi-lán, Pis-to-las, to-las, to-las.

Canción de cíclope,
fantasmas alterando el GPS
hombresolo en la huerta contra la niebla.

Puñados de salitre,
hombresolo, hombremar, por fuera de los Forcados,
sobre las rompientes de la barra.

Cien pulpos en la cacea, una piedra en la casa
y una teja invertidas de esperanza.
Rugir de más allá del mar entre la bruma,
cien mañanas entre niebla y espuma.
Huellas de memoria en el sendero de la isla,
recuerdo de otros hombres en la senda de las lajas.
Mar-de-Lira, Mar-de-Lira, de-li-ra, de-li-ra
constancia de más allá del mar
suerte en-carnada.

Here Tu-tu-a, tú-a, tú-a, Ja-vi-lán, vi-lán, vi-lán, Pis-to-las, to-las, to-las.
cyclopes' song,
ghosts altering the GPS
man alone in the orchard against the -fog.
Handfuls of niter,
lonelyman, seaman, outside the bright red,
on the waves on the estuary
One hundred octopuses in the troll, a stone in the house
and an inverted tile of hope.
Roar beyond the sea between the mist,
one hundred mornings between fog and foam.
Memory´s footprints on the path of the island,
memories of other men in the path of flagstone
Mar-de-Lira, Mar-de-Li-ra, de-li-ra, de-li-ra
constancy beyond the sea
luck in-bait.

Winter Sea

The winter sea
beat against feathers, saltpeter wings
flying stubbornly above the sands
and the moonless mirror.
Upon the beach footsteps wove
a destination, light footsteps of departure
between tides, a fragile dance of shadows.
The foam vault
shrouded the silence
and from behind footsteps fed
waves of oblivion.
The winter sea which had known your laughter
reduced to fragments
yearning and dreams,
muddled in the long succession of tidewrack.
Everything in you was delirium,
the fleeting flash of lightning,
the empty cross,
the mirror of embraces and blood.

The wind was lost
in the angels' tepid profusion,
the air's humid solidity transformed into particles
of the soul, into saliva of a fathomless god
who clove hearts
and caused convictions and forms to be wrecked.
Do you recall that story?
The child, the hole, the limitless sea.
All this winter sea flowed into your heart,
into the rachitic extension of your days.

All this sea
on a winter morning,
in this seaweed spiral that sound dismantled.
Do you recall that story?
The child, the hole, the limitless sea.
All this winter sea flowed into your heart,
into the rachitic extension of your days.
All this sea
on a winter morning,
in this seaweed spiral that sound dismantled.

Mar de invierno

O mar de inverno
bateu as plumas, ás de salitre
a voar teimudas por riba do areal
e do espello sen lúa.

Sobre a praia os pasos tecían
un destino, leves pasos de ida
entre mareas, fráxil danza de sombras.

A bóveda de escuma
envolvía o silencio
e por detrás os pasos alimentaban
as ondas do perdido.
O mar de inverno que soubera do teu riso
reducía a fragmentos
a cobiza e os soños,
confundidos na extensa sucesión das crebas.

Todo en ti era delirio,
o lóstrego fugaz,
a cruz baleira,
o espello de abrazos e de sangue.

Confundíase o vento
na tépeda profusión de anxos,
húmida solidez do aire transformado en partículas
de alma, en cuspe dun deus insondable
que partía os corazóns
e facía naufragar as conviccións e as formas.

Lembras aquela historia?
o neno, o burato, o mar ilimitado.
Todo este mar de inverno entraba no teu peito,
na entangarañada extensión dos teus días.
Todo ese mar
nunha mañá de inverno,
nesa espiral de argazos que o son desfacía.

Todo o inverno nese mar teimudo
no que ti te perdías.

Viu nadar as mobellas
onde as ondas desertan,
na fronteira da escuma.
Tempo alado citándose
no frío. Viu os días
deixando pegadas nunha praia
de luces e de sombras.
Soubo do vento
que esvaece a memoria,
da altura do silencio,
da tenrura dos homes,
e comprendeu a dimensión
do misterio.

Mar de invierno

El mar de invierno
batió sus plumas, alas de salitre
volando obsesivas por encima del arenal
e del espejo sin luna.

Sobrc la playa los pasos tcjían
un destino, leves pasos de ida
entre mareas, frágil danza de sombras.

La bóveda de espuma
envolvía el silencio
y por detrás los pasos alimentaban
las olas de lo perdido.
El mar de invierno que supo de tu risa
reducía a fragmentos
la ambición y los sueños,
confundidos en la extensa sucesión de los despojos.

Todo en ti era delirio,
el relámpago fugaz,
la cruz vacía
el espejo de abrazos y de sangre.

Se confundía el viento
en la débil profusión de ángeles,
húmeda solidez del aire transformado en partículas
de alma, en saliva de un dios insondable
que partía los corazones
y hacía naufragar la convicción y las formas.

¿Recuerdas aquella historia?
el niño, el agujero, el mar ilimitado.
Todo este mar de invierno entraba en tu pecho,
en la débil expansión de tus días.
Todo ese mar
en una mañana de invierno,
en esa espiral de algas que la música deshacía.

Todo el invierno en ese mar
obsesivo en el que tú te perdías.

Ballad

That nothing shall hurt you,
neither this river end
nor this breath beginning to rot
in a silence not yet due.

That life shall not hurt you,
that absence does not hurt you,
nor the big words of exile,
nor the stubborn presence of the shades.
That I shall not hurt you,
nor those evenings of May,
fragrant of heartwood,
nor the high sunsets of summer.

That the hurt of the room shall not hurt you,
That room that keeps you,
nor the light of this evening,
this evening that does not want you.
That neither the land hurt you
nor the names
hat no lips shall pronounce.
That nothingness shall not hurt you.

Balada

Que non che doa nada,
nin este extremo de río,
nin ese alento que xa se descompón
en prematuro silencio.

Que non che doa a vida
que a ausencia non che doa,
nin as grosas palabras dos exilios
nin a constante presenza das sombras.

Que non che doa eu,
nin as tardes de maio
con arrecendo a cerna,
nin os altos solpores do estío.

Que non che doa a dor do cuarto
que te garda,
nin a luz desta tarde
que te evita.

Que non che doa a terra
nin os nomes
que non pronunciarán os labios.
Que non che doa a nada.

Balada

Que no te duela nada,
ni este extremo de río,
ni ese aliento que ya se descompone
en prematuro silencio.

Que no te duela la vida
que la ausencia no te duela,
ni las bastas palabras de los exilios
ni la constante presencia de las sombras.

Que no te duela yo,
ni las tardes de mayo
con aroma a cerne,
ni los altos crepúsculos del estío.

Que no te duela el dolor del cuarto
que te guarda,
ni la luz de esta tarde
que te evita.

Que no te duela la tierra
ni los nombres
que no pronunciarán tus labios.
Que no te duela la nada.

Norma Cole

Translated by Marta López Luaces

Norma Cole (Toronto, Canada, 1945) is a poet, visual artist and translator. Her most recent book of poetry is FATE NEWS. Other books are: *Win These Posters and Other Unrelated Prizes Inside*, *Where Shadows Will: Selected Poems 1988-2008*, *Spinoza in Her Youth*, *TO BE AT MUSIC: Essays & Talks* and *Actualities*, in collaboration with Marina Adams. Translations from French include: *It Then*, *Crosscut Universe: Writing on Writing de Francia de Danielle Collobert* (editada y traducida por Cole) y *White Decimal de Jean Daive*. Her visual work has been shown at the Miami University Art Museum, [second floor projects] in San Francisco, the Berkeley Art Museum and most recently her film, "By the Turning Bridge," at Arion Press and NIAD. A book of her drawings called DRAWINGS recently appeared in Other Book Works.

Norma Cole (Toronto, Canadá, 1945) es poeta, artista visual y traductora. Su libro de poesía más reciente es FATE NEWS. Otros libros son: *Win These Posters and Other Unrelated Prizes Inside*, *Where Shadows Will: Selected Poems 1988-2008*, *Spinoza in Her Youth*, *TO BE AT MUSIC: Essays & Talks* and *Actualities*, en colaboración con Marina Adams. Sus traducciones del francés incluyen: *It Then*, *Crosscut Universe: Writing on Writing de Francia de Danielle Collobert* (editada y traducida por Cole) y *White Decimal de Jean Daive*. Su trabajo visual se ha mostrado en el Miami University Art Museum, [proyectos del segundo piso] en San Francisco, el Berkeley Art Museum y más recientemente su película, "By the Turning Bridge", en Arion Press y NIAD. Un libro de sus dibujos llamado DIBUJOS apareció recientemente en Otras obras de libros.

STAR for Hélio Oiticica

They wore strips of fire along their limbs for that death dance,
fabric striped like roof tiles, a cabin in Eden, small stars in the
shape of proverbs

Checks and balances her thoughts myself, organdy or tulle
crumpled and bunched around a rolled core of burlap upon a
reflective cylindrical horizontal base

The shorn wrapped woman opens the glass *bólide*. Rose pigment.
Floral pattern on the one hand, cape on the other. Overlay

He wanted to emphasize the other box too. In order to do this, he
needed Milton. His friend had died in the sea

He needed to celebrate the bandit, Lycidas. The top of the box held
between two hands, diagonal slash a lighter gray across the lid

The open box above, small abstractions piled inside. Another
lighter smaller object to the right and on the following page

Space relief underneath, the slanted opaque illusionary planes on
metal stands. On glass.
Two round objects seen from the side, urn-like, from above,
sphincter-like, pebbled

At least four kinds of cloth from white to dark, a striped one with
a sheen to it. Held, smiling above the gravel and the shadowed
grass of Ed

Etrella para Hélio Oiticica

Se vistieron con tiras de fuego a lo largo de sus extremidades para esa danza de la muerte, tela rayada como tejas, una cabaña en el Edén, pequeñas estrellas en forma de proverbios.

Yo mismo verifico y equilibro las ideas, organdí o tul arrugados y amontonados alrededor de un
centro enrollado de arpillera sobre una base horizontal cilíndrica reflectante.

La mujer envuelta y trasquilada abre el *bólido* de cristal. El pigmento rosa. El patrón floral en una mano, y por otro, la capa. Superposición.

Quería enfatizar la otra caja también. Para hacer esto, necesitaba a Milton. Su amigo había muerto en el mar.

Necesitaba celebrar al bandido, Lycidas. La parte superior de la caja sostenida con las dos manos, una franja diagonal de un gris más claro a través de la tapa.

La caja abierta arriba, pequeñas abstracciones apiladas dentro. Otro objeto más pequeño y más ligero a la derecha y en la página siguiente.

Alivio espacial debajo, los planos opacos inclinados ilusorios encima de soportes de metal. Sobre vidrio. Dos objetos redondos vistos desde el lado, como urnas, desde arriba, como esfínteres, con textura de guijarros.

Al menos cuatro tipos de telas, de blanca a oscura, una rayada con brillo. Sostenida, sonriendo sobre la grava y la hierba sombreada del Ed

From "Spinoza in Her Youth"

Today I went to visit
the ancient world, a
world
of glass constructed once
then unconstructed, it
bypassed quality, so I
came home and read
music what a woman
carries a tune for
instance decentralization
is centrally planned and
can be revoked at any
time it's noon. The
moon
is out, I'll meet
you by the
pyramid

***

Mount Rubbish where the light must make its way through fire
Let's make this page into an apartment, an enlightenment
structure like being inside someone's skull. Over to the right there's
a red car. Together they had planted that tree I enjoy to see you
notice
They called it The Colonnade although there were no columns
visible

***

Objectivity and brother Chance
excuses locked in their randy
dance blood flowing from elbow
and foot

We knew the place. It was
a crossroads. Tolls were collected there. Eventually we burned our houses and bridges behind us. They erected a temple. Nothing from that time is visible now except for the ruined baths facing the river and the reconstructed amphitheater on the eastern slopes.

street of the heart
and the street
crossing it

The city was a quarry, then a fortress. After his conversion he built a great cathedral on the island. Burnt to the ground. Its foundations were found. Its situation on the river, its advantage, proved to be its undoing. They met no resistance. We kept the language.

gypsum, limestone, sandstone, sand

Espinoza en su juventud

Hoy fui a visitar el mundo antiguo, un mundo
de vidrio construido una vez y luego desmantelado, pasó por alto la calidad, así que volví a casa y leí música lo que una mujer lleva una melodía, por ejemplo la descentralización
se planifica de forma centralizada y se puede revocar en cualquier momento del mediodía.
La luna
está fuera, te encontraré junto la pirámide

***

Monte de Basura donde la luz debe abrirse camino a través del fuego

Hagamos de esta página un apartamento, una estructura de iluminación como si
Estuviéramos dentro del cráneo de alguien. A la derecha hay un coche rojo. Juntos habían
[plantado ese árbol, disfruto ver que lo notaste
Lo llamaron La Columnata, aunque no había ninguna columna visible.

***

La objetividad y el hermano Azar
pretextos encerrados en su baile lujuriosa,
la sangre fluye desde el codo y el pie

Conocíamos el lugar. Era

un cruce de caminos. Allí se cobraban los peajes. Finalmente quemamos nuestras casas y puentes que dejamos atrás. Erigieron un templo. Nada de esa época es visible ahora, excepto los baños en ruinas frente al río y el anfiteatro reconstruido en las laderas orientales.

calle del corazón y
la calle
que la cruza
La ciudad fue una cantera, luego
una fortaleza. Después de
conversión, construyó una gran catedral en la isla. Se quemó hasta los cimientos
Se encontraron sus cimientos. Situados en el río, su ventaja, resultó ser su ruina. No encontraron resistencia. Mantenemos el idioma.

Yeso, piedra caliza, arenisca, arena

MAY 22, 2021

22 DE MAYO, 2021

Pedro Luis Casanova

Translated by Marta López Luaces and Rolando Pérez

Pedro Luis Casanova (Jaén, Spain, 1978) is the author of the following poetry books: *La anatomia del eco* (Jaén, Colección Señales, 1999), *Café* (Seville, Ángaro Collection, 2001) and *Fósforo blanco* (Seville, Ediciones de Siltolá Island, 2015). He collaborated with critical notes in literary magazines on the works of Diego Jesús Jiménez, Agustín Delgado, Antonio Gamoneda or Francisco Ferrer Lerín, among others. He teaches Physics and Chemistry at a secondary school.

Pedro Luis Casanova (Jaén, España, 1978) es autor de los siguientes libros de poesía: *La anatomía del eco* (Jaén, Colección Señales, 1999), *Café* (Sevilla, Colección Ángaro, 2001) y *Fósforo blanco* (Sevilla, Ediciones de Siltolá Island, 2015). Colaboró con notas críticas en revistas literarias sobre reviewla obra de Diego Jesús Jiménez, Agustín Delgado, Antonio Gamoneda o Francisco Ferrer Lerín, entre otros. Es profesor de Física y Química en un instituto.

The dead moon seeks the night
among the puddles,
on the rooftops,
restless above the suburb
of skirts and lips
where the breeze of gestures sleeps.

Let the wind of the pillow wait
with the light of the lanterns
and the emblem of silence
while there is darkness in the doorways.

May freedom come with gin
like a drop of dawn reborn,
secretly docile,
to a sad cloud of sparrows.

La luna muerta busca noche
entre los charcos,
en los tejados,
inquieta sobre el suburbio
de las faldas y los labios
donde duerme la brisa de los gestos.

Que espere el viento de la almohada,
y la luz de las linternas
y la insignia del silencio
mientras quede oscuridad en los portales.

Venga la libertad con la ginebra
como gota del alba que renace,
secretamente dócil,
a una triste nube de gorriones.

After all,
we are
like that cigarette you just smoked.
Life hastens us little by little
leaving in the unconscious puff, with which these
years pass,
the known taste of another time:
Half ash.
Half silence.

But everything remains
hanging on that light that still shimmers
over the ashtrays
a rebellious ember that resurges
like a hot dream between the hands:
Knowing itself as ash.
Knowing itself as silence.

Al fin y al cabo,
somos
como ese cigarrillo que acabas de fumarte.
La vida nos apura poco a poco
dejando en la calada inconsciente, con que pasan
estos años,
el gusto adivinable de otro tiempo:
Mitad ceniza.
Mitad silencio.

Más todo queda
pendiente de esa luz que aún palpita
sobre los ceniceros,
ascua rebelde que resurge
como un sueño caliente entre las manos:
Sabiéndose ceniza.
Sabiéndose silencio.

Edward M. Hirsch

Translated by Pedro Serrano

Edward M. Hirsch (Chicago, USA,1950) is an American poet and critic who wrote a national bestseller on reading poetry. He has published ten books of poems, including *The Living Fire: New and Selected Poems* (2010), which brings together thirty-five years of work, and *Gabriel: A Poem* (2014), a book-length elegy for his son that *The New Yorker* called "a masterpiece of grief." He has also published six prose books on poetry. He is president of the John Simon Guggenheim Memorial Foundation in New York City.

Edward M. Hirsch (Chicago, EE.UU.,1950) es un poeta y crítico estadounidense que escribió un bestseller nacional sobre la lectura de la poesía. Ha publicado diez libros de poesía, entre ellos *The Living Fire: New and Selected Poems* (2010), que reúne treinta y cinco años de trabajo, y *Gabriel: A Poem* (2014), una elegía para su hijo que *The New Yorker* la clasificó como "una obra maestra del dolor". También ha publicado sies libros en prosa sobre poesía. Es presidente de la Fundación Conmemorativa John Simon Guggenheim en la ciudad de Nueva York.

For the Sleepwalkers

Tonight I want to say something wonderful
for the sleepwalkers who have so much faith
in their legs, so much faith in the invisible

arrow carved into the carpet, the worn path
that leads to the stairs instead of the windows,
the gaping doorway instead of the seamless mirror.

I love the way that sleepwalkers are willing
to step out of their bodies into the night,
to raise their arms and welcome the darkness,

palming the blank spaces, touching everything.
Always they return home safely, like blind men
who know it is morning by feeling the shadows.

And always they wake up as themselves again.
That's why I want to say something astonishing
like: Our hearts are leaving our bodies.

Our hearts are thirsty black handkerchiefs
flying through the trees at night, soaking up
the darkest beams of moonlight, the music

of owls, the motion of wind-torn branches.
And now our hearts are thick black fists
flying back to the glove of our chests.

We have to learn to trust our hearts like that.
We have to learn the desperate faith of sleep-
walkers who rise out of their calm beds

and walk through the skin of another life.
We have to drink the stupefying cup of darkness
and wake up to ourselves, nourished and surprised.

En homenaje a los sonámbulos

Esta noche quiero decir algo maravilloso
a los sonámbulos que tanta fe tienen
en sus piernas, tanta fe en la invisible

flecha tallada en la alfombra, la gastada senda
que lleva a las escaleras en lugar de las ventanas,
la puerta abierta en lugar del espejo sin costuras.
Me encanta la manera en que los sonámbulos están dispuestos
a salir de sus cuerpos en la noche,
a levantar los brazos y dar la bienvenida a la oscuridad,
tanteando vacuos espacios, tocándo todo.
Siempre regresan a casa sanos y salvos, como los ciegos
que saben que es de mañana cuando perciben las sombras.

Y siempre se despiertan siendo ellos mismos de nuevo.
Por eso quiero decir algo asombroso
como: *Nuestros corazones están dejando nuestros cuerpos.*

Nuestros corazones son unos sedientos pañuelos negros
volando entre los árboles por la noche, absorbiendo
los rayos más oscuros de la luz de la luna, la música
de los buhos, la agitación de las ramas desgarradas por el viento.
Y son nuestros corazones gruesos puños negros
volviendo al guante de nuestros pechos.
Tenemos que aprender a confiar en nuestros corazones de esa manera.
Tenemos que aprender la desesperada fe de los
sonámbulos que se elevan desde sus camas tranquilas

y caminan a través de la piel de otra vida.
Tenemos que beber la taza aturdidora de la oscuridad
y despertar hacia nosotros mismos, alimentados y sorprendidos.

From *GABRIEL A POEM*

I did not know the work of mourning
Is like carrying a bag of cement
Up a mountain at night

The mountaintop is not in sight
Because there is no mountaintop
Poor Sisyphus grief

I did not know I would struggle
Through a ragged underbrush
Without an upward path

Because there is no path
There is only a blunt rock
With a river to fall into

And Time with its medieval chambers
Time with its jagged edges
And blunt instruments

I did not know the work of mourning
Is a labor in the dark
We carry inside ourselves

Though sometimes when I sleep
I am with him again
And then I wake

Poor Sisyphus grief
I am not ready for your heaviness
Cemented to my body

Look closely and you will see
Almost everyone carrying bags
Of cement on their shoulders

That's why it takes courage
To get out of bed in the morning
And climb into the day

De *Gabriel. un poema*

No sabía que el trabajo del duelo
Es como cargar un saco de cemento
Subiendo una montaña de noche

No se puede ver la cima
Porque no hay ninguna cima
Pobre aflicción de Sísifo

No sabía que iba a luchar
Entre astrosos matorrales
Sin camino ascendente

Porque no hay camino
Sólo hay una tosca roca
Con un río en donde caer

Y el Tiempo con sus aposentos medievales
El tiempo con sus bordes irregulares
Y sus instrumentos romos

No sabía que la labor del duelo
Es una labor en la oscuridad
Que llevamos dentro de nosotros

Aunque a veces cuando duermo
Estoy de nuevo con él
Y luego despierto

Pobre pena de Sísifo
No estoy preparado para esta pesadumbre

Cementada en mi cuerpo

Observa detenidamente y verás
A casi todos acarreando sacos
De cemento en sus hombros

Por eso se requiere de valor
Para levantarse de la cama por la mañana
Y escalar el día

Pedro Serrano

Traducción de Anna Crowe

Pedro Serrano (Montreal, Canada, 1957) is a poet, essayist, and translator. He published *El miedo* (1986); *Ignorancia (1994); Turba* (2005); *Desplazamientos* (2007), *Nueces* (2009), *Cuentas claras* (2014), and *Lo que falta* (2019). Arc Publications published *Peatlands* in 2014 and he is about to publish *The Conjurer*, both translated by Anna Crowe. He is a professor at UNAM and directed the Banff International Literary Translation Centre in Canada, the *Periódico de Poesía de la UNAM*, and the Avispero Poetry Festival in Chilpancingo.

Pedro Serrano (Montreal, Canadá,1957), es poeta, ensayista y traductor. Ha publicado los siguientes libros: *El miedo* (1986); *Ignorancia* (1994); *Turba*, (2005), *Desplazamoientos* (2007); *Nueces* (2009); *Cuentas claras* (2014) y *Lo que falta* (2019), además de varios cuadernillos de poesía. Arc Publications publicó *Peatlands* en 2014 y está por publicar *The Conjurer*, ambos traducidos por Anna Crowe. Es profesor en la UNAM y dirigió el Centro Internacional de Traducción Literaria de Banff, en Canadá, el *Periódico de Poesía de la UNAM* y el Festival de Poesía Avispero de Chilpancingo.

Dry Rain

At times the poem is a collapse,
a slow and painful landslide,
a dark and scandalous rockfall.
Like dry rain
the tumbled rocks fragment
not in the air but within,
and the poem is that pile of stony dust,
that hard skeleton of rain
in which you can barely breathe.
The poem writes itself like a scab:
it is not that slow, wave-like motion,
dusting of foam on the downfall,
slow breaking-into-pieces of things.
It is the striations of soil,
the landmarks and overturned plants,
the fractured dryness in the after-silence,
the woeful hole in the stripped wall.
The poem is the scab,
the image finally broken in pieces,
the ruins of that image.

La lluvia seca

A veces el poema es un derrumbe,
un lento y doloroso desprendimiento,
una oscura y escandalosa caída de piedras.
Como una lluvia seca
la cascada de rocas se despedaza
no en el aire sino dentro de sí misma
y el poema es ese polvo de piedra amontonada,
ese duro esqueleto de la lluvia
en donde apenas puede respirarse.
El poema se graba como costra:
no es aquel lento movimiento de ola,
polvo de espuma sobre la caída,
lento despedazarse de las cosas.
Es las estrías de tierra,
los mojones y plantas revolcadas,
la rota sequedad en el silencio posterior,
el hueco desolado en la pared descubierta.
El poema es la costra,
la imagen al final despedazada,
la ruina de esa imagen.

Three Lunatic Songs

1

It is cold in the vast and unprotected slaughter-house of the heavens,
a suffering that is remote and without defences,
the enormous weight of clouds, of squalls and gales,
torn into tatters a landscape laid waste,
torn into tatters across the country.

Over the unprotected fields,
the dance is all of kelp and seaweed and of excluded voices,
of drownings and murmurings of drowning.

Out in the marsh that's black and still and stagnant, where nothing is reflected,
deserted and benumbed like a pallid cloth that no one may see,
that no one will wander over step by footstep,
in a slithering slide across that black marble,
without any voice, or any condolence,
the moon passes by,
uneasy.

Like an incandescence the moon is staring,
like an enchantment the moon holds sway,
like an unwonted Cinderella the moon runs away.
The wind is patrolling, fate is patrolling.

The night stares with bluish, astonished eyes at so great a span of sky.

Away, far off, the moon goes wandering, in rut, and adrift.

At her mercy the waters and life.

2

As for poor moonstruck souls
they must be always cabined on days like these,
pent with huge heavy padlocks and not a wisp of curtain whereby
the moon's illusive
[light may enter,

and these poor moonstruck ones,
whose heart devours their soul on nights like these,
though it may be cloudy,
though the sky may lower, come close to earth, be buried, all
cloaked and overcast,
[these wretched moonstruck souls
must have their eyes gouged, tongue torn out from them, so that
they're neither
[drowned nor confounded,
so that they don't
go wandering
just like a milky way that's source of light and footprint,
as though their own saliva fled their mouth,
just as though they were there inside her, and in that fearsome and
eerie vista,
and these poor moonstruck ones, ah,
we need to hold their hand when they go walking
so that they don't get lost, nor yet be blinded,
ah, these poor moonstruck souls.

alas, the poor moonstruck.

3

The moon walks out encumbered
with so much presence
she does not remember.

The moon walks out so rounded
it would be a miracle
she did not founder.

The moon is unloosed and, yellow,
dancing, the moon is
alone in the meadow.

Tres canciones lunáticas

1

Hace frío en la vasta y desabrigada carnicería del cielo,
un sufrimiento ausente y desprotegido,
el peso enorme de nubes y de ráfagas,
hecho jirones el paisaje asolado,
hecho jirones, a campotraviesa.

Por los desabrigados campos,
el baile todo de sargazos y voces excluidas,
ahogos y murmullos del ahogo.

En el pantano negro y estancado que no refleja nada,
desierto y aterido como pálido piso que nadie viera,
que nadie recorriera paso a paso,
en un desliz sobre ese mármol negro,
sin una voz, sin una condolencia,
pasa la luna,
inquieta.

Como una incandescencia la luna mira,
como un encantamiento la luna manda,
como una inusitada cenicienta huye la luna.

Ronda el viento, ronda el hado.

La noche fija sus atónitos ojos azulados en tanto cielo extenso.
Allá, tan lejos, la luna vaga en brama, a la deriva.

A su merced las aguas y la vida.

2
A los lunáticos
hay que encerrarlos siempre en estos días,
los candados que pesen y ni un solo visillo para la luz lunar
alucinante,
a los lunáticos,
que el corazón les come el alma en estas noches,
aunque haya nubes,
aunque haya cielo bajo y enterrado, encapotado en sí, a los lunáticos
hay que vaciarles ojos y lengua para que no se ahoguen y se
hundan,
para que no
se vayan
como una láctea vía que fuera luz y huella,
como si la saliva les huyera,
como si ellos en ella fueran y en esa vista despavorida,
a los lunáticos, ay,
habría que acompañarlos de la mano
para que no se pierdan y se ofusquen,
ay, a los lunáticos.

3
La luna va tan ella
consigo misma
que no se acuerda.

La luna va redonda,
sería una suerte
que no se hunda.

La luna se ha soltado,
baila la luna
sola en el prado.

Angeles Mora

Translated by Marta López and Rolando Pérez

Ángeles Mora (Córdoba, Spain, 1952) won the National Poetry Prize and the National Critics' Prize (Spain) in 2016 for her collection of poems *Ficciones para una autobiografía* (Bartleby). she lives in Granada since 1980, where she graduated in Hispanic philology at the city's university. She published her first poetry collection, *Pensando que el camino iba derecho*, in 1982, followed by *La canción del olvido* in 1985 and *La guerra de los treinta años, (*Rafael Alberti Poetry Prize, 1989). In 2000 she published *Caligrafía de ayer*, in 2001 *Contradicciones, pájaros* (City of Melilla Prize and also translated into Italian as *Contraddizioni, uccelli* by Edizioni dell'Orso, 2005), in 2008 she published *Bajo la alfombra* (Visor), *Antología poética (1982–1995)*, ed. Luis Muñoz, 1995, *¿Las mujeres son mágicas?*, with a prologue by Miguel Ángel García, 2006. 2005 and *La sal sobre la nieve* (1982-2017) edited by Ioana Gruia (2017 (2 edition, 2021).

Ángeles Mora obtuvo el Premio Nacional de Poesía y el Premio Nacional de la Crítica (España) en 2016 por su poemario *Ficciones para una autobiografía* (Bartleby). Nació en Córdoba, España, 1952, aunque reside en Granada desde 1980, donde se licenció en filología hispánica en la universidad de la ciudad. Publicó su primer poemario, *Pensando que el camino iba derecho*, en 1982, al que siguieron *La canción del olvido*, en 1985, y *La guerra de los treinta años*, con el que obtuvo el Premio Rafael Alberti de Poesía, en 1989. En 2000 publicó *Caligrafía de ayer*, en 2001 *Contradicciones, pájaros* (Premio Ciudad de Melilla y traducido al italiano como *Contraddizioni, uccelli* por Edizioni dell'Orso, 2005), en 2008 *Bajo la alfombra* (Visor), *Antología poética (1982–1995)*, ed. Luis Muñoz, 1995, and *¿Las* *mujeres son mágicas?*, con un prólogo de Miguel Ángel García, 2006. 2005 y *La sal sobre la nieve* (1982-2017) edited by Ioana Gruia (2017 (2 edition, 2021).

Changing the pronouns, a little

Because I know that you are, above all, the night,
above all your fingers that die in me,
above all this kiss, the mark of my lips,
the brightness of your legs and mine,
the silence that sings in these four
walls of my life …

Because I know that you are suddenly the morning,
my fingers that die only in you,
above all this kiss, the marks of your lips,
the brightness of my legs and yours
the silence that sings in these four
walls of your life …

Cambiando un poco los pronombres

Porque sé que tú eres sobre todo la noche,
sobre todo tus dedos que se mueren en mí,
sobre todo este beso, la huella de mis labios,
el brillo de tus piernas y las mías,
el silencio que canta en estas cuatro
paredes de mi vida …

Porque sé que tú eres de pronto la mañana,
mis dedos que se mueren sólo en ti,
sobre todo este beso, la huellas de tus labios,
el brillo de mis piernas y las tuyas,
el silencio que canta en estas cuatro
paredes de tu vida …

Fixed expenses

I was doing the math
since I don't know how to perform miracles
nor any of those things they say
women are supposed to know.

And now that you're far away I wonder
if living alone
is not costing me more.

Gastos fijos

Estuve haciendo cuentas
pues no sé hacer milagros
ni esas cosas que dicen
sabemos las mujeres.

Y ahora que estás lejos me pregunto
si acaso vivir sola
no me cuesta más caro.

25 DE SEPTIEMBRE, 2021

SEPTEMBER 25, 2021

Olga Novo

Translated from Galician by Marta López Luaces

Olga Novo (Galicia, Spain, 1975) is a poet, essayist, translator and literary critic. She has a PhD in Galician Philology from the University of Santiago de Compostela, and another in Hispanic Studies from the University of Rennes2 (Great Britain). She published the following poetry books: *A teta sobre o sol* (1996), *Nós nus* (Premio Losada Diéguez de Creación, 1997), *A cousa vermella* (2004) y *Cráter* (Premio de la Crítica española, 2011), *Los líquidos íntimos*, an anthology in Galician and Spanish (2012). In 2019 she published Feliz *Idade*—translated into Spanish as *Felicidad.* It won the following awards: Best Galician poetry book 2019, Premio de la Crítica gallega, el Premio de la Crítica española y el Premio Nacional de poesía. In Collaboration with Alexandra Domínguez and Xoán Abeleira, she also published the art book *Magnalia* (2001).

Olga Novo (Galicia, España, 1975). Es poeta, ensayista, traductora y crítica literaria. Es doctora en Filología Gallega por la Universidad de Santiago de Compostela y doctora en Estudios Hispánicos por la Universidad de Rennes2 (Gran Bretaña). Ha publicado los siguientes libros de poesía *A teta sobre o sol* (1996), *Nós nus* (Premio Losada Diéguez de Creación, 1997),*A cousa vermella* (2004) y *Cráter* (Premio de la Crítica española, 2011), *Los líquidos íntimos*, antología en gallego y castellano (2012). En 2019 publicó *Feliz Idade* –traducido al castellano como *Felicidad.* Obtuvo los siguientes premios: Mejor poemario gallego 2019, Premio de la Crítica gallega, el Premio de la Crítica española y el Premio Nacional de poesía. También publicó, en colaboración con Alexandra Domínguez y Xoán Abeleira, el libro de arte *Magnalia* (2001).

January 29, 2002

Dear Mom, I am learning to bark
une saison en enfer. repeat with me *Une-Saison-En-Enfer*.
my thirty illiterate generations I am learning to bark
marking a never territory with the epiglottis
like a dog like any other dog
stubbornly untl I come back to myself like a dog then I pronounce
Walt Walt
Walt Whitman mom.
I am learning to bark
I stand on my ass in the sun I hold on to a hoe
and I try to imitate the song of the cuckoo of the cuckoo on my ass
in the sun then my throat squeezes with pain
and howl like never before the possible futures that bulge our veins
like a saucepan of milk pouring into a fire

the eyes of my love carry inside
the tinkling of cowbells oneagainsttheother oneagainsttheother
of Gustav Mahler's Ninth Symphony
Mom
and I look into your eyes, you are so tired
but not me and here
it's time for the canine fury
I listen carefully to the bell of chris
such of your unfulfilled dreams
like a delicate sculpture by Brancusi
by Cons tan tin Brancusi.
time and time again the heart so big
like a huge mushroom, autumn is you auh auh auh wolf
here you have me dancing screaming jumping
a guttural teacher a guttural volcano

as Virginia Woolf as Virginia Woolf as Virginia Woolf.
I look at your hands I could lick the scars from your hands
until they gave light
and I could heal your herniated discs with a single Alexandrian verse
with a syllable of raw rye with an oh-là-là and then after
count one by one your gray hair rooted in the ages of the world
your plantigrade tongue mom
I could even restructure your bones
with the implant of an anarchist song.
sometimes I feel the pain settling
sheet
by
sheet
like the blackboard:
it is an emotional sprain nailed to the nape of the neck
and to bark like that sometimes it is necessary to cry iodine
slash my knees with a scythe until I see the sun so close
three centimeters from the iris
mommy
I had to suck on your marrow
amaze the world when your sympathy is low for cavities
and for the fallen
breasts
of tiredness
fallen f
rom exhaustion
to be able to bark I would have to gnaw for years
your pollen allergy to poplar villains
your anemia circulating in reverse by your blood
I'd have to go with you to bury your twenty-seven-year-old brother and
your anemia circulating in reverse through the blood
I'd have to go with you to bury your twenty-seven-year-old brother and
I will clench my jaw so as not to split my tongue
with his tuberculosis   mamaita.
I know very well that in order to bark

I would have to go back with you to my childhood
and I see myself about to die dehydrated
and I beg the virgin that I don't believe in
to bring me back to the life three and a half months later
and to weld myself in your lap forever
like a piece of iron from your belly.
do not think I do not know that for me to be able to bark
I would have to go with you into the last hours
of grandma Carmen who clang to the four ends of her handkerchief
and your spleen.
I know very well that I know everything
that for me to learn barking at last
it was needed
a thousand women washing incessantly in the river of Saá
and a thousand plowing and two thousand sewing and five thousand
collecting logs and roots in the middle of the country side and You
especially you planting pines in an immense mountain range
unlearning everything about yourself
piercing your doubts.
Dear Mom: I am learning to bark.

29 de enero del 2002.

Querida mamá: estoy aprendiendo a ladrar.
une saison en enfer. repite conmigo Une-Saison-En-Enfer.
mis treinta generaciones analfabetas Yo estoy aprendiendo a ladrar.
marcar un nunca territorio con la epiglotis
como un can como una perra cualquiera
emperrarme hasta volver en mí en can entonces pronuncio
Walt Walt

Walt Whitman mamá.

estoy aprendiendo a ladrar.
me pongo de culo al sol me agarro a una azada
e intento imitar el canto del cuco del cuco de culo al sol entonces
mi garganta se exprime de dolor
y aúllan como nunca los futuros posibles que nos abomban las venas
como un cazo de leche vertiéndose en el fuego.

los ojos de mi amor llevan dentro
el tintineo de los cencerros unocontraotro unocontraotro
de la novena sinfonía de Gustav Mahler
mamá.

y yo te miro a los ojos a los ojitos estás tan cansada
pero yo no y aquí
es el momento de la furia can
escucho con atención la campana de cris
tal de tus sueños incumplidos
como una escultura delicada de Brancusi
de Cons tan tin Brancusi.

una vez y otra vez el corazón tan grande
como una seta enorme el otoño eres tú auh auh auh loba
aquí me tienes bailando gritando saltando
una maestra gutural un volcancito gutural
como Virginia Woolf como Virginia Woolf como Virginia Woolf.

te miro las manos podría lamerte las cicatrices de las manos
hasta que dieran luz
y curarte las hernias discales con un solo verso alejandrino
con una sílaba de centeno crudo con un oh-là-là y después después
contar una por una tus canas enraizadas en las edades del mundo
tu lengua plantígrada mamá
podría incluso reestructurarte la osamenta
con el implante de una canción anarquista.

a veces siento el dolor sedimentándose
lámina
por
lámina
como la pizarra:
es un esguince emocional clavado en la nuca
y para ladrar así a veces es preciso llorar yodo
sajarme las rodillas con una guadaña hasta ver el sol tan cerca
a tres centímetros del iris
mamá
yo tenía que mamar de tu médula
asombrar al mundo cuando te baja la compasión a las caries
y a los pechos
caídos
de cansancio.

para poder ladrar yo tendría que roer durante años
tu alergia al polen a los vilanos de los chopos
tu anemia circulando en sentido inverso por la sangre
tendría que ir contigo a enterrar a tu hermano de veintisiete años y

apretar la mandíbula para no partirme la lengua
con su tuberculosis   mamaíta.

sé muy bien que para poder ladrar
tendría que ir contigo a mi infancia
y verme a punto de morir deshidratada
y rogarle a la virgen en la que no crees
que me devolviese a la vida de tres meses y medio
y soldarme en tu regazo para siempre
como una pieza de hierro de tu vientre.

no pienses que no sé que para poder ladrar
tendría que ir contigo a las últimas horas
de la abuela Carmen agarrada a las cuatro puntas de su pañuelo
y a tu bazo.

yo sé muy bien sé todo
que para aprender este ladrido
al fin hicieron falta
mil mujeres lavando sin cesar en el río de Saá
y mil arando y dos mil cosiendo y cinco mil
recogiendo leños y raíces en mitad del monte y Tú
sobre todo tú plantando pinos en una sierra inmensa
desaprendiendo cuanto eres
agujereando tus dudas.

Querida mamá: estoy aprendiendo a ladrar.

Soledad Farina

Translated by Jen Hofer

Soledad Fariña Vicuña (Antofagasta, Chile, 1943) studied Political Sciences, Philosophy and Humanities at Stocolmo University and Religion Studies and Arab Culture at Universidad de Chile. She published the following poetry books: *El primer libro*, 1985; *Albricia, 1988; En amarillo oscuro,* 1994; *La vocal de la tierra,* 1999; *Donde comienza el aire*, 2006; *Yllu*, 2015; *"1985"*, 2016; *El deseo hecho palabra. Textos encontrados,* 2021. In 2006 she won the la Fundación J.S. Guggenheim and inn 2018 won the award Trayectoria de la Fundación Neruda.

In 2006 she won the J.S. Foundation award. Guggenheim and in 2018 the Neruda Foundation Lifetime Achievement Award. In 2022 she received the Literature award, from the Municipality of Santiago. In 2023 she received the Artistic Creativity award from the Plagio Foundation.

Soledad Fariña Vicuña (Antofagasta, Chile, 1943). Estudió Ciencias Políticas, Filosofía y Humanidades en la Universidad de Stocolmo y Ciencias de la Religión y Cultura Árabe en la Universidad de Chile. Ha publicado los siguientes libros de poesía: *El primer libro*, 1985; *Albricia*, 1988; *En amarillo oscuro*, 1994; *La vocal de la tierra*, 1999; *Donde comienza el aire*, 2006; *Yllu*, 2015; *"1985"*, 2016; *El deseo hecho palabra. Textos encontrados*, 2021; *Siempre volvemos a Comala, 2023.*

En 2006 ganó el premio de la Fundación J.S. Guggenheim y en 2018 el premio Trayectoria de la Fundación Neruda. En 2022 recibió el premio de Literatura, mención Ensayo, de la Municipalidad de Santiago. En 2023 recibió el premio a la Creatividad Artística de la Fundación Plagio.

Everything Calm, Immobile

Have to paint the first book but which to paint
which first   to use all the ochres   also
the earth's dark yellow
layers one on top of another: clay terra-cotta ochre
to scratch at it a bit   lick fingers to form
that alloyed paste
to smear the fingers   arms   you're open now
white open pages   no beaten track
to try to cleave the fingers
— Why so sad   why are they like that   these colors,
        they say, they ask, the green-winged choroyes
        passing by in flocks
— Why that darkness, they shout
— There's a black that casts a shadow   covers us

They move away but can't see the red I discover
beneath my armpit
— No clarity, no clarity, they caw
— A grey cloud has fallen over my flight: they were hailstorms
        it was ice that snapped my wings

And there along the barbed wire, their flight suspended
they begin to murmur

everything calm   immobile   placid

Todo tranquilo, inmóvil

Había que pintar el primer libro pero cuál pintar
cuál primer   tomar todos los ocres   también
el amarillo oscuro de la tierra
capas unas sobre otras: arcilla terracota ocre
arañar un poco   lamer los dedos para formar
esa pasta ligosa
untar los dedos   los brazos   ya estás abierto
páginas blancas abiertas   no hay recorrido previo
tratar de hendir los dedos

— Por qué tan tristes   por qué así estos colores,
dicen, preguntan los choroyes de alas verdes
que pasan en bandadas
— Por qué esa oscuridad, gritan
— Hay un negro que sombrea   que nos cubre

Se alejan pero no alcanzan a ver el rojo que descubro
Debajo de mi axila.

— No hay claridad, no hay claridad, graznan
— Ha caído la nube gris sobre mi vuelo: eran granizos
era hielo el que quebró mis alas

Y ahí en las alambradas, suspendido su vuelo
se dan a murmurar

todo tranquilo   inmóvil   apacible

Not Time Yet

The earth roars the ochre the terra-cotta the grey the black
to open the armpit, an immense wound there   volcano
restraining its howls:
to hush it

— Not yet, not yet time for the pruning of the creeping vines
        the choroyes mutter,
— Not yet time for the pruning of the creeping vines
To watch the hollow then — poor humors, grey
and sullen — to stop the impulse, to fling oneself into the hole:
there's a red that bellows to explode
—Not time yet,   Not time yet

Aun no es tiempo

Muge la tierra el ocre el terracota el gris el negro
abrir la axila, hay una herida inmensa volcán
reteniendo sus aullidos:
acallarlo

Aún no, aún no es el tiempo de la poda de las
guías rastreras,
mascullan los choroyes,
Aún no es el tiempo de la poda de las guías
Rastreras

Mirar el hueco entonces – pobres humores grises
Y taimados –, detener el impulso volcarse al agujero:

Hay un rojo que brama por estallar
— Aún no es tiempo, aún no es tiempo

And That Soft Arch?

(Blue iridescences memento of hemispheres
never seen
the round eye caresses the oblique shine:
to lay waste to the forest   to rip up the underbrush
one by one the downy parts)

— And that soft arch?   And that wooded hollow?
    the choroyes irate rise up beating their wings

¿Y ese arco suave?

(Tornasoles azules recuerdo de hemisferios
nunca vistos
acaricia el ojo redondo el brillo oblicuo:
talar el bosque   arrancar la maleza
una a una las vellosidades)

— ¿Y ese arco suave?   ¿Y esa hondonada boscosa?
  se elevan los choroyes aleteando iracundos

Carlos Alcorta

Translated by Marta López Luaces and Rolando Pérez

Carlos Alcorta (Torrelavega, Spain, 1959). He published, among others, the following books of poetry: *Lusitania,* (1988); *Cuestiones personales,* (1997) (Premio Alegría/José Hierro); *Trama,* (2003) (Accésit Premio Ciudad de Salamanca); *Corriente subterránea,* (2003) (Premio Hermanos Argensola). *Sutura,* (2007). *Sol de resurrección,* (2009) (Permio José Luis Hidalgo and Finalist of the National Poetry Prize); *Ejes cardinales. Poemas escogidos,* (2014); *Ahora es la noche.* (2015); *Aflicción y equilibrio,* (2020): *Fotosíntesis,* (2020) and *Acto de presencia. Collected Poetry* 1986-2020. (2023). In prose he has published *Vistas y panoramas,* (2013); *Casa sin puertas.* Opiniones y reseñas sobre poesía cántabra contemporánea, (2017).

Carlos Alcorta (Torrelavega, Spain, 1959). Ha publicado, entre otros, los siguientes libros de poesía: *Lusitania,* (1988); *Cuestiones personales,* (1997) (was awarded Alegría/José Hierro); *Trama,* (2003) (Accésit Premio Ciudad de Salamanca); *Corriente subterránea,* (2003) (was awarded Hermanos Argensola). *Sutura,* (2007). *Sol de resurrección,* (2009) (was awarded José Luis Hidalgo and Finalist of the National Poetry Prize); *Ejes cardinales. Poemas escogidos,* (2014); *Ahora es la noche* (2015); *Aflicción y equilibrio,* (2020): *Fotosíntesis,* (2020) and *Acto de presencia. Collected Poetry 1986-2020.* (2023). En prosa ha publicado *Vistas y panoramas,* (2013); *Casa sin puertas.* Opiniones y reseñas sobre poesía cántabra contemporánea, (2017).

Antonio Machado: A Monologue

Rumors reach my ears
about my attire, about my daily
lack of grooming. Even Juan Ramón,
whom I have not seen in years,
publicly mocks
my shabby and smelly outfit,
my humble verses with the taste
of garlic soup. And I do not rule out
that some other colleague, in this precarious profession,
in days to come, will speak ill of me or make up
apocryphal and irreverent anecdotes
to amuse
their acolytes or slander me
with crude lies. It is the way of life
and I have lost faith in the natural
kindness of men.
It is not compassion that I seek. I detest
that mercy is given away
like cheap jewelry,
but I believe that, even if only
because of my advanced age,
I have the right,
like any person,
to live in peace, to be respected.
For I have never spent even a minute
of my life belittling others,
let my future readers
judge me. In the meantime
reserve me a piece

of this barren Castilian land
where I live badly and grow old
where my remains can rest, insensitive
to hatred, betrayal, revenge
that sinister and tireless approaches.

Antonio Machado: Un monólogo

Llegan rumores hasta mis oídos
sobre mi indumentaria, sobre mi cotidiana
falta de aseo. El propio Juan Ramón,
a quien hace ya años que no frecuento,
se burla públicamente
de mi atuendo raído y mal oliente,
de mis humildes versos con sabor
a sopa de ajo. Y no descarto
que algún otro colega de este precario oficio,
en días venideros, hable mal de mí o invente
anécdotas apócrifas
e irreverentes para divertir
a sus acólitos o me calumnie
con burdas patrañas. Es ley de vida
y ya he perdido la fe en la bondad
natural de los hombres.
No es compasión lo que pido. Detesto
que la misericordia se regale
como vulgar bisutería,
pero creo que, aunque tan sólo sea
por mi avanzada edad,
tengo derecho,
como cualquier persona,
a vivir en paz, a ser respetado.
Porque jamás empleé ni un minuto
de mi tiempo en menospreciar al prójimo,
consentid que me juzguen
los lectores futuros. Mientras tanto
reservadme un pedazo

de esta infecunda tierra castellana
en la que malvivo y envejezco
donde puedan mis restos reposar ya insensibles
al odio, a la traición, a la venganza
que torva e infatigable se avecina.

The Wind of Panicles

To Juan Manuel Puente

To make the sky that covers us
our own we have stopped here, high up
instigated by a feeling
of completeness difficult to ignore;
we have interrupted our journey
to cancel time and its drifting
and become one in full existence,
in what we see and in what we feel.
And this gaze is not improvised
that trusts in the eternal of the instant,
it comes from the depths of ourselves,
from a distant childhood, without memory
and it enters the night of things,
knowing them all, used, within reach.
The valley sleeps. The wind shakes the windows
barred, the elms still exalted,
withered corn plantations.
Its music bathes us like a fresh
downpour in late afternoon.
It nests in our hands that grouped together
and are trap and support of the invisible
angel of reappeared friendship.
The soul is serene and we are driven only
by the desire to exalt the hours
that we live without haste, delaying the vigor
with which cloudless nights infuses us.

We see ourselves together in the universe
one, content, yes, with being presence
Panicles scattered on the dry land
and in the air the pollen that multiplies
our jubilation. To be as if now
was everlasting, to touch the reality
that protects us and fills us
is what we demand. Let the black
flower of nostalgia dry up. Now
at the hour of our death. Amen.

El viento de las panojas

A Juan Manual Puentu

Para hacer nuestro el cielo que nos cubre
nos hemos detenido aquí, en lo alto,
instigados por una sensación
de plenitud difícil de ignorar;
hemos interrumpido nuestro viaje
para anular el tiempo y su deriva
y hacernos uno en la existencia plena,
en lo que vemos y en lo que sentimos.

Y no es improvisada esta mirada
que confía en lo eterno del instante,
viene del fondo de nosotros mismos,
de una niñez lejana, sin memoria
y se adentra en la noche de las cosas,
sabiéndolas de todos, usadas, al alcance.

Duerme el valle. Sacude el viento las ventanas
atrancadas, los olmos aún enaltecidos,
las plantaciones de maíz marchito.
Su música nos baña como fresco
aguacero a última hora de la tarde.
Anida en nuestras manos que se agrupan
y son cepo y sostén del invisible
ángel de la amistad reaparecida.

Está serena el alma y no nos mueve
más deseo que el de exaltar las horas
que vivimos sin prisa, demorando el vigor
que la noche sin nubes nos infunde.

Nos vemos juntos en el universo
uno, conformes, sí, con ser presencia.

Panojas esparcidas sobre la tierra seca
y en el aire el polen que multiplica
nuestro júbilo. Estar como si ahora
fuera un siempre, palpando
la realidad que nos ampara y colma
es lo que demandamos. Que se seque
la negra flor de la nostalgia. Ahora
y en la hora de nuestra muerte. Amén.

Sonia Chocrón

Translated by Marta López Luaces

Sonia Chocrón (Caracas, Venezuela, 1961) is a poet, novelist and screenwriter. In 1982 she participated in the literary workshops of Rómulo Gallegos Center for Latin American Studies. In 1988 participated in the Workshop "The Fiction Argument" by Gabriel García Márquez at the Film School of San Antonio de los Baños, Cuba. From there, she traveled to Mexico invited by the Nobel Prize winner to create the "Gabriel García Márquez Cinematographic Writer Desk". She published the following books: *Poesía: Carnet de identidad* (2023), LP5 Editora, Chile, *Hermana pequeña* (2020), Editorial Eclepsidra. Bruxa (2019), Ediciones Kalathos España. *Mary Poppins y otros poemas* (2015), *Lugar común* Editores. Poesía Re-unida (2010), Bid & Co Editores. *Fe de errantes. 17 poetas del mundo* (2006), Otero Ediciones. *La buena hora* (2002), Monteávila Editores. Púrpura (1998), *La Liebre Libre editores*. Toledana (1992), Monteávila Efditores.; Novela: La dama oscura (2014), Editorial Bruguera. Sábanas negras (2013), Editorial Bruguera. *Las mujeres de Houdini* (2012), Editorial Bruguera; Cuento: Usted (2021), Taller Blanco Ediciones, Colombia; *La virgen del baño turco y otros cuentos falaces* (2008), Ediciones B. *Falsas apariencias* (2004), Editorial Alfaguara. Her work — literary, cinematographic and for television — earned her several important awards.

Sonia Chocrón (Caracas, Venezuela, 1961) es poeta, narradora y guionista. En 1982 participó en los talleres literarios del Centro de Estudios Latinoamericanos Rómulo Gallegos. En 1988 participó en el Taller "El Argumento de la Ficción" de Gabriel García Márquez en la Escuela de Cine de San Antonio de los Baños, Cuba.

De allí viajó a México invitada por el Premio Nobel para fundar el "Escritorio Cinematográfica Gabriel García Márquez". Ha publicado los siguientes libros: Poesía: *Carnet de identidad* (2023), LP5 Editora, Chile, Hermana pequeña (2020), Editorial Eclepsidra. Bruxa (2019), Ediciones Kalathos España. Mary Poppins yotros poemas (2015), Lugar común Editores. Poesía Re-unida (2010), Bid & Co Editores. Fe de errantes. 17 poetas del mundo (2006), Otero Ediciones. La buena hora (2002), Monteávila Editores. Púrpura (1998), La Liebre Libre editores. Toledana (1992), Monteávila Efditores.; Novela: La dama oscura (2014), Editorial Bruguera. Sábanas negras (2013), Editorial Bruguera.Las mujeres de Houdini (2012), Editorial Bruguera; Cuento: Usted (2021), Taller BlancoEdiciones, Colombia ; La virgen del baño turco y otros cuentos falaces (2008), Ediciones B. Falsas apariencias (2004), Editorial Alfaguara. Su obra -tanto literaria como cinematográfica y para televisión—le ha merecido premios y reconocimientos.

Kashrut
Pure

Golden the onions   awaken the dream
Prepare your hungry man's dinner
Let the blood drip and soak the meat
in the water that cleanses impurity
of the rancid bodies and their flies.
Add two flowers and serve yourself whole
naked and sweaty.
That innocuous white bed
is all salt

Purísima
Kashrut

Dore la cebolla   avive el sueño
Prepare la cena de su hombre hambriento
Supure la sangre y remoje la carne
en el agua que limpia la impureza
de los cuerpos rancios y sus moscas.
Agregue dos flores y sírvase entera
desnuda y sudada.
Esa cama blanca inocua
toda es sal.

In the name of the Father

There is something of you in
that rock
monolithic and anchored in the middle
of the sea
The density of your blue pupil
the immovability of your love
the hardness of the mineral enduring
the air and the sun of the days
Something about you that does not indulge
in omission
that does not sink in the tides
of memory
And although there is no one at the dock
to celebrate the victories
no one on the shores of loneliness
of all setbacks
I always carry you,
father

En el nombre del padre

Hay algo de ti en
esa roca
monolítica y anclada en medio
del mar
La solidez de tu pupila azul
lo inamovible de tu amor
la dureza del mineral soportando
el aire y el sol de los días
Algo de ti que no se abandona
a la omisión
que no se hunde en las mareas
de la memoria
Y aunque no exista nadie en la dársena
para celebrar las victorias
nadie en las costas de la soledad
de todo revés
te traigo siempre
padre

Caracas

The command is to leave soon
with the apple of our eyes
with the flowers stuck in the throat so as not to scream
And keep the sacred scriptures
the places already turned to ashes
the corpses, the playgrounds, and the pets
for our return
from fear

Caracas

La orden es partir pronto
con las niñas de los ojos
con las flores atascadas en la garganta para no gritar
Y guardar las sagradas escrituras
los lugares ya cenizos
los muertos los parques y mascotas
para cuando volvamos
del miedo

Kapará

However,
there was a hen asigned for me.
There was a little hen every year
until I was twelve
She bore my name and surname
and it died annually on Yom Kippur
It was my kapará
It went instead of my place
It gave its life for mine
as if it was Jesus or a good jewish mother
It was sacrificed after New Year and each eve of forgiveness
without my consent
Now nobody dies for me anymore.
Only I am my own condemnation.

Kapará

Sin embargo,
había una gallina pequeña para mí.
Hubo una gallinita todos los años
hasta que tuve doce
Llevaba mi nombre y mi apellido.
Y moría anualmentc durante Yom Kippur
Era mi kapará
Se iba por mí
Daba su vida por la mía
Como si fuera Jesús O una buena madre judía
La sacrificaban después del año nuevo y cada víspera del perdón
sin mi consentimiento
Ahora ya nadie muere por mí.
Solo yo soy mi propia condena.

Enrique Cabezón

Translated by Marta López Luaces

Enrique Cabezón (Logroño, Spain 1976) "Illustrator, writer, editor, graphic designer, poet, and cultural activist. He published the following poetry books: *Territorio de ceniza* (Kabemayor, 2003), *El lenguaje de las serpientes* (August 4, 2005*; No busques lágrimas en el ojo del muerto* (Germanía, 2006), *Existir en los días* (Eclipsados, 2009), *Besar el paisaje* (Single specimen, 2013) and *Desdecir* (Amargord, 2013). In e-book *La traición en los colores* (Page de Nausícaa, 2001), *Sílabas trabadas* (La cabaña del loco, 2019) and the novel *Una semilla* (Los Libros del Gato Negro, 2021). He is also an illustrator and cartoonist. He published highlighting *Cementerio de las horas* (Ediciones de Ponent, 2004), the adaptation of Gregorio González 1604 picaresque novel.

Enrique Cabezón (Logroño, España, 1976). Ilustrador, escritor, editor, diseñador gráfico, poeta y activista. Es autor de los poemarios *Territorio de ceniza* (2003), *El lenguaje de las serpientes* (2005; junto al poeta José Luis Pérez Pastor), *Dios cabalga los lomos de las muchachas* (2005), *No busques lágrimas en el ojo del muerto* (2006), *Existir en los días* (2009), *Besar el paisaje* (2013), *Desdecir* (2013) y *28.48 minutos de lectura* (Premio del Libro 'Ateneo Riojano' 2023). Además del e-libro *La traición en los colores* (2001), las plaquettes *Circunvalación* (2021) y *Canto tartamudo* (2024), Parte de su obra poética dispersa está recogida en *Los dedos azules de la noche* (2022). En prosa ha publicado el dietario *Sílabas trabadas* (2019) y la novela *Una semilla* (2021). Forma parte del proyecto Ediciones del 4 de agosto y es coordinador del festival 'Agosto clandestino. Poetas en La Rioja.

Poetics

on the window remains the mist and the irregular stain
of lips in which to distinguish the acidic segments
if the intention was to kiss the landscape and all its mist
the result has been the dead and fleeting tattoo

Poética

en la ventana queda el vaho y la irregular mácula
de unos labios en los que distinguir los ácidos gajos
si la intención fue besar el paisaje y toda su niebla
el resultado ha sido el tatuaje muerto y fugaz

2

vines curl around the glass / glasses of alcohol
hypnosis of the flickering flame / I'm going to kiss you to kill the serpent
that has frozen my guts / I'm going to kiss you little son of a bitch
because your sting awakens / a cicada out of tune / a fish without air

the unexpected nerve of the miniaturist / the psychosis of the victim
everything fits in here / also you cherry dancer
here is the abyss / drag me to your summer sturpor
tomorrow we will unwind the north wind / I'm going to kiss you
little faggot

and I'm going to like it

> **sans titre** // drawing together a landscape of flesh, the painter's hair feeds the hand,
> the paper and our stomach / we are the smoke from that pot preparing
> today's meal/ our destinies float with it / love is a world of smells / we are the
> smoke of the stew

2

las viñas se enroscan en el vidrio / gafas del alcohol
hipnosis de la llama cimbreante / te voy a besar para que mates la sierpe
que ha congelado mis vísceras / te voy a besar pequeño hijo puta
porque tu aguijón despierta / una cigarra desafinada / un pez sin aire

el nervio inesperado del miniaturista / la psicosis de la víctima
todo cabe aquí dentro / también tú bailarín de cereza
aquí tienes el abismo / arrástrame a tu sopor veraniego
mañana desenroscaremos el cierzo / te voy a besar pequeño marica

y me va a gustar

> **sans titre** // dibujando juntos un paisaje de carne, el pelo del pintor alimenta la mano, el papel y nuestro estómago / somos el humo de esa cazuela que prepara la comida de hoy / nuestros des- tinos flotan con él / el amor es un mundo de olores / somos el humo del cocido

You are not the poet and an olive tree
is nothing more than a humble tree that twists towards the sky
always fleeing from the land
where men
with certainty and sweat planted it.
Or maybe it's more than that
and its fruits are an epistle in the form
of a harvest to the children
—of the children of the children—
who flee from the mud.
An olive tree
in its muted silver presence
is hardly certainty against tomorrow.
That is why thise who conquer us
uproot them, in retaliation and a message to the future,
they say:
You will not have a right to its fruit,
you will not enjoy the gold of its juice.

As they do to them, from
the root,
they will uproot our words.

Tú no eres el poeta y un olivo no es más que un humilde árbol que se retuerce hacia el cielo
en huida siempre de la tierra donde los hombres
con certidumbre y sudor lo sembraron.
O quizá es más que eso
y sus frutos son una epístola en forma de cosecha a los hijos
— de los hijos de los hijos — que huyen del limo.
Un olivo
en su apagada presencia de plata
es apenas certeza frente al mañana.
Por eso los arranca quien nos conquista, en represalia y mensaje al futuro,
dicen:
no tendréis derecho a su fruto, del oro de su jugo no gozaréis.

Como les hacen a ellos, de raíz,
nos arrancarán las palabras.

Heller Levinson

Translated by Marta López Luaces

Heller Levinson (New York, USA) is the creator of the Hinge theory. Heller Levinson lives in the lower Hudson Valley in New York State. His most recent book is *Lurk* (Black Widow Press, 2021). His next volumes, *Lure* & *jus' sayn'*, were released in the spring of 2022 also from Black Widow Press.

Heller Levinson (New York, EE.UU.) es el creador de la teoría Hinge o bisagra. Heller Levinson, vive en la parte baja del valle del Hudson en estado de Nueva York. Su libro más reciente es *Lurk* (Black Widow Press, 2021). Sus próximos volúmenes, *Lure* & *jus' sayn'*, se publicaron en la primavera de 2022 también en Black Widow Press.

Go

leech chariot overtone
                                        diminuendo
                        downbeat
initialize incipient start alert rev accel-
erate get awayfromto   the
indisposed the supposed   the
gnarl-footed burl counter-instinctual. how much of 'go' is
predicated upon disquiet? plaids
have a life all their
own. lined up in rows. along
the axis. compliance kills. this is not
a footnote.
where in the
map
is
find
lost-&-founds are sullen.
apply foot to brake
press start

Ir

sanguijuela carro matiz
diminuendo
tiempo débil
inicializar incipiente conmenzar alerta rev ace-
lerate alejarse del
indispuesto el supuesto el
nudo de pies nudosas contra-instintivo. ¿Cuánto de "ir" se basa en
la inquietud? los cuadros
tienen vida
propia. alineados en filas. a lo largo
del eje. la conformidad mata. esto no es
una nota al pie.
Donde en el
mapa
está
encontrar
los objetos perdidos son hoscos.
aplicar el pie al freno
presiona inicio

Arrive

thereabout   acute particular   an
appellation felling combustion   route's ex-
haust   fanfare pilot orient
in situ
arrival: joinery that dispenses
how much departs upon arrival?
fodder in the left-behind? debris?
errant accumulates recycle,
                    cleave reclamation
        how much of
        arrival
        is
        surrender?
        deflation?
how much of destination is a
makeover? a pertinacity
Translated?

wheeling through cavitous trammel this
tingly blotch of
elliptical shudder

Llegar

allí cerca   un agudo particular
un apodo tala combustión   escape ex-
hausto   fanfarria piloto orientar
in situ
llegada: carpintería que dispensa
¿cuánto sale la llegada?
¿forraje en lo dejado atrás? ¿escombros?
errante acumula reciclar,
dividir la reclamaciónm
¿cuánto de
llegada
es
rendición?
¿deflación?
¿cuánto de destino es un
cambio de imagen? una pertinacia
¿Traducido?

rodando a través de este trammel cavernoso esta
mancha de hormigueo de
estremecimiento elíptico

Route

point   direct(ion)
traction on the way   to/toward heading
exchange: ⊠ place for place
uproot destination resolve
where in the   how much of
route   route
is   is
incipience   stakeout
staked to the previously undertaken, the cornerstone,
repetition tires the road, plasma sag, slag co-ordinate, manifest
mangle, … how much of space is invitation, how much of travel is
spatial corruption:
spatial tendon swell populist bruise distend aardvark, …
get away, go, join the 'we just want to get away' ghetto dislodge
depart →
passport, transport →
port cocoon, umbilical tuck,
destination as promissory note,
as
nearing
evaporate

Ruta

punto   direcc (ion)
tracción en el camino   a / hacia   el rumbo
intercambio: ⊠ lugar por lugar
desarraigar el destino resolver
dónde   cuánto de la
ruta   ruta
es   es
vigilancia   incipiente
apostado a lo previamente emprendido, la piedra angular,
la repetición cansa el camino, el pandeo del plasma, la escoria se coordina, manifiesta
destrozo, cuánto del espacio es invitación, cuánto viaje es corrupción espacial:
hinchazón espacial del tendón hematoma populista distiende oso hormiguero, …
escapar, ir, unirse al gueto de "solo queremos escapar" para desalojar, salir →
pasaporte, transporte →
capullo de puerto, pliegue umbilical,
destino como pagaré,
como
acercándose

OCTOBER 23, 2021

23 DE OCTUBRE, 2021

Sharmistha Mohanty

Translated by Mercedes Roffé and Marta López Luaces

These poems were published by Pen Press Plaquettes

Sharmistha Mohanty (India) has published three prose books: *Book One* (1995), *New Life* (2005) and *Five Movements in Praise* (2013). The poems included in this selection are from her book *The Gods Came Afterwards* (New Delhi, Speaking Tiger, 2019). Her most recent work is *Extinctions,* a book of prose poems. She has translated Rabindranath Tagore's selection of fiction texts *Broken Nest and Other Stories* (2009). Her poetry and prose work have appeared in journals, such as *Granta*, *Poetry*, *World Literature Today*, and *The Caravan*. Mohanty is the founder of Almost Island, which comprises an online magazine, the annual *Almost Island Dialogues* Series writers' meeting and a small publishing house. She was on the faculty of the MFA in Creative Writing at City University of Hong Kong and lives in Mumbai.

Sharmistha Mohanty (India) ha publicado tres obras en prosa: *Book One* (1995), *New Life (2005)* y *Five Movements in Praise* (2013). Los poemas incluidos en esta selección pertenecen a su libro *The Gods Came Afterwards* (Nueva Dheli, Speaking Tiger, 2019). Su libro más reciente es: *Extinctions, a book of prose poems*. Ha traducido la selección de textos de ficción de Rabindranath Tagore *Broken Nest and Other Stories* (2009). Su poesía y su obra en prosa ha aparecido en prestigiosas revistas, tales como *Granta, Poetry, World Literature Today* y *The Caravan.*Mohanty es la fundadora del proyecto editorial Almost Island, que comprende una casa editora, una revista virtual, y el encuentro anual de escritores *Almost Island Dialogues Series.* Formó parte del cuerpo de profesores de la Maestría en Escritura Creativa de la Universidad de la Ciudad de Hong Kong.Vive en Mumbai.

1.

Make broadness broadness
from narrowness
Lead lead us
We see nothing
behind nothing ahead
These worlds are broad above
beyond our knowing
The great river plains open and descend
slowly from west to east
beyond our knowing
Us
Doctor, suture me from
narrowness to broadness
All the suns all the dawns all the waters
rise and pass
in broadness
Our bodies move over over this land
rising and falling
Broadness
stretch out our skies and dawns
so we can walk walk
out of ourselves
Doctor, move me from dark
spaces of invented light
I do not know just
what it is
that I am like
Broadness open for
us us
Unharness our days
Let all boundaries be distant

so we can wander far
in our unknowing

2

Take take us
take us
us
the bleeding barn owl
unmoving
in the bell tower next
to the rusted bell
the injured evening
the alcoholic behind
flowered curtains
threatening his mother
with death
take us to a broad
world
far flung earth, bright
one
where we can
see
let all light reach
its destiny

3

A snake eats a mynah
head first, yellow legs extend
from the snake's filled mouth
the cattle bellow
tethered to ancient trees
dung fills the tall grass
thunder strikes at the humid air
there is no I

in the breath
roots wind through fallen leaves
the terror of an owl smashes
into a tree trunk, loses a wing,
drops below into dried weeds
there is no I
in the breath
the seasons are muscular and original
what should I
speak
thunder strikes again and again
what is real must be harvested
each day and threshed and ground
put through fire
then eaten
what should I
imagine
in this place where we become
our sight is made
from our seasons
bring us
the rain

4

Granaries as long
and winding as
the shores from
which we look
at the lit ocean, behind
us the fertile land, rivers
coming to this sea, silt
behind us thousands
of years
the vertebrae compressed

the spine bending
forward forever
behind us
offerings of fire held
in falcons with outstretched
wings, built brick by brick
flight
abandoned, vanished
in unpredictable encounters
before us rusted barges
the daily fragrance
of spices in oil
a fatigued infinity of sea and sky
what can I
go towards?
remote acts
fires kindled on
empty clearings, sloping
towards the east
chanted word
vigilant thought
dispersed
astral distance wedged
in the spinal cord
behind us a broad land grown
narrow
at its very end

5

The world gathered in the pupil
of an eye
the boundless plain filled with scars
earth stretching on and on

measuring out distances
of desire
making a clearing
being present at the meeting axis
of earth and sky
can I
even now
correct the course of things

6

The clearing I
I the fire-kindler and the fire I
the animal untied and led away and choked
the offering I
I the hand and breath that stretches and extends I
the ground of the universe

1.

Crea amplitud amplitud
de la estrechez
Guía guíanos
No vemos nada
detrás nada delante
Arriba los mundos son amplios
más allá de nuestro conocimiento
Las grandes vegas del río se abren y descienden
lentamente de oeste a este
más allá de nuestro conocimiento
de nosotros
Doctor, sutúreme desde
la estrechez a la amplitud
Todos los soles todas las auroras todas las aguas
suben y pasan
en amplitud
Nuestros cuerpos se desplazan por esta tierra
subiendo y cayendo
Amplitud,
expande nuestros cielos y nuestras auroras
para que podamos caminar caminar
por fuera de nosotros
Doctor, apárteme de los espacios
oscuros de la luz inventada
No sé como qué
es
que soy
Amplitud, ábrete

para nosotros   nosotros
Libera nuestros días
Que todos los límites queden distantes
para que podamos vagar lejos
en nuestro desconocimiento

2.

Lleva   llévanos
Llévanos
nos
Sangra la lechuza
inmóvil
en el campanario junto
a la campana oxidada
La tarde herida
El alcohólico detrás
de las cortinas floreadas
amenazando de muerte
a su madre
Llévanos a un mundo
amplio,
extensa tierra
luminosa
donde podamos
ver
Que toda la luz alcance
su destino

3.

Una serpiente se come un estornino
la cabeza primero, las patas amarillas asoman

desde la boca llena del reptil
Abajo, el ganado
amarrado a los árboles antiguos
El estiércol colma la hierba crecida
El trueno cruza el aire húmedo
No hay yo
en la respiración
Las raíces se enredan en las hojas caídas
El terror de un búho choca
contra el tronco de un árbol, pierde un ala,
cae bajo la maleza reseca
No hay yo
en la respiración
Las estaciones son musculosas y originales
¿Qué habría
de decir?
El trueno cruza el aire una y otra vez
Lo que es real debe ser cosechado
cada día y trillado y molido
pasado por el fuego
luego comido
¿Qué habría de
imaginar?
En este lugar donde llegamos a ser
Nuestra vista está hecha
de nuestras estaciones
Tráenos
la lluvia

4.

Graneros tan largos
y sinuosos como
las costas desde
las que miramos

el océano iluminado, detrás
de nosotros la tierra fértil, los ríos
que vienen a este mar, el limo
detrás de nosotros miles
de años
las vértebras comprimidas
la columna que se dobla para siempre
hacia adelante
detrás de nosotros
ofrendas de fuego sostenidas
por halcones de alas
desplegadas, construidas ladrillo a ladrillo
vuelo
abandonado, desaparecido
en impredecibles encuentros
frente a nosotros barcazas oxidadas
la fragancia diaria
de las especias en aceite
una infinidad fatigada de mar y cielo
¿hacia qué puedo
ir?
actos remotos
fuegos encendidos
terrenos vacíos, inclinados
hacia el este
palabra cantada
pensamiento atento
expandido
distancia astral incrustada
en la médula
detrás de nosotros una amplia tierra
se estrecha
justo al final

5.

El mundo acopiado en la pupila
de un ojo
la llanura infinita llena de cicatrices
la tierra que se extiende cada vez más
midiendo las distancias
del deseo
haciendo un claro
en el punto de encuentro
de la tierra y el cielo
¿puedo
incluso ahora
cambiar el curso de las cosas?

6.

El claro yo
Yo el fuego y el que enciende el fuego yo
el animal desatado, apartado, estrangulado
la ofrenda yo
Yo la mano y la respiración que se expande y se extiende yo
el suelo en que se asienta el universo

Vicente Luis Mora

Translated by Adriana Alcina

Vicente Luis Mora (Córdoba, Spain, 1970) is a professor at Universidad de Málaga, author and literary critic. He was a visiting professor at Brown University (USA) and Stockholm University (Sweden). He published the novels *Cúbit*, *Circular 22* and *Centroeuropa*; and the following poetry books: *Mecánica, Serie* or *Construcción*. Blog: https://vicenteluismora.blogspot.com.es

Vicente Luis Mora (Córdoba, España, 1970) es profesor de la Universidad de Málaga, escritor y crítico literario. Ha sido profesor invitado en las universidades de Brown (EEUU) y Estocolmo (Suecia). Ha publicado novelas como *Cúbit* (2024), *Circular 22* (2022) o *Centroeuropa* (2020) y libros de poemas como *Mecánica, Serie, Tiempo* o *Construcción*. Blog: http:// vicenteluismora. blogspot. com.

Heart

I gave her my heart. I took out my heart and put it in her hand. She was happy to take it. "It's your heart," she replied. You never gave it to anybody. I was also smiling. She held it gently. "It's strong." It was indeed. She tried to squeeze it. "It's resistant," she said jubilantly, "it's very, very strong." "Keep it," I replied. "Now it's yours." She put it in her purse, "I'll always carry it with me," she said. She looked at it fascinated at night. She would take it out at the café with her friends to show off . "Look how strong it is," she would say. She smiled with hungry eyes while sticking a fork in it. Later on she went to her mother's house, and showed her my heart. She stood on it and jumped in her heels. "It won't break, mum." And her mum laughed, nodding. She arrived at our date at night, and place it on the table; her nails trying to tear the flesh. "I've discovered it resists fire." "Look," and she passed a flame beneath it. "And I can also be thrown from a rooftop." "How do you know?" I asked her. "Easy enough, I've tried it." I remained silent. "Tomorrow," she said, I will try to submerge it in water to see how long it lasts.

Corazón

Yo le di mi corazón. Saqué mi corazón y se lo puse en la mano. Ella lo tomó feliz. Es tu corazón, me respondió. Nunca se lo diste a nadie. También sonreía yo. Ella lo cogió con suavidad. Es fuerte. Lo era. Ella probó a apretarlo. Resiste, dijo alborozada, es muy, muy fuerte. Quédatelo, le respondí. Ahora es tuyo. Ella se lo metió en el bolso, para llevarlo, me dijo, siempre conmigo. Lo miraba fascinada por las noches. Lo sacaba en el café con sus amigas, para presumir. Mirad qué fuerte es, les decía. Sonreía con ojos golosos mientras le clavaba tenedores. Luego iba a casa de su madre, y le enseñaba mi corazón. Se ponía encima de él y saltaba con los tacones. No se rompe, mamá. Y su mamá reía, asintiendo. Llegaba a nuestra cita por la noche, y lo ponía sobre la mesa; sus uñas intentando desgarrar la carne. He descubierto que resiste el fuego. Mira, y le pasaba una llama por debajo. Y también se puede tirar desde un tejado. ¿Cómo lo sabes?, le pregunté. Muy fácil, lo he probado. Yo callaba. Mañana, me dijo, voy a probar a sumergirlo en agua, a ver cuánto aguanta.

Blessed be, Albert

Any space is a curved space,
if enough mass deforms it,
any distance is just a mirage,
and time can stretch at both ends

in this disastrous relativity
there seems to be no order or truth

but just the opposite happens
the writing a book is a movement,
an incessant journey through language

if the movement is fast—if it is good
and it approaches that of light

time slows down and compresses
visibly the body in movement

don't underestimate these conclusions
moving is heading always towards the east
gaining time when you write

literature is a way to postpone death

by a brilliant chance—blessed be
Albert Einstein—the one who has written the most

the one who has traveled the most and for the longest time,

the one who never wanted to come back,

the youngest one

Bendito seas, Albert

Cualquier espacio es un espacio curvo
si suficiente masa lo deforma
cualquier distancia es sólo un espejismo
y el tiempo es estirable por los lados

en esta relatividad funesta
parece no haber orden ni verdad

pero sucede justo lo contrario
la escritura de un libro es movimiento
un incesante viaje por la lengua

si el movimiento es rápido – si es bueno
y se aproxima al propio de la luz

el tiempo se retrasa y se comprime
visiblemente el cuerpo en traslación

no menosprecies estas conclusiones
moverse es dirigirse siempre al este
ganarle tiempo al tiempo cuando escribes

literatura es postergar la muerte

por un albur genial – bendito seas
Albert Einstein – aquel que más ha escrito

el que ha viajado más y por más tiempo

aquel que nunca quiso regresar

es el más joven

Eva Veiga

Translated into English by Craig Patterson
Translated from Galician into Spanish by Teresa Seara

Eva Veiga (Ombre-Pontedeume, A Coruña, 1961) is a journalist and poet. She published many articles on art and literature. She published the following poetry books: *Paisaxes do baleiro* (Xerais, 1999), *Desconcerto* (Biblos, 2006), *A luz e as suchas cicatrices* (2006), *A frecha azul do Teixo* (Espiral Maior, 2010), *A distant do drum* (Espiral Maior, 2014. Fiz Vergara Vilariño Award and AELG Poetry Award), *Soño e verteice* (Espiral Maior, 2016, Concello de Carral Poetry Award and 2016 Spanish Critics Award), *Percussed Silence* (Espiral Maior, 2016. Cidade de Ourense Poetry Award) and *Quérote canto* (Xerais 2020 Editions) written with Baldo Ramos (Losada Diéguez Award a literary creation 2020).

Eva Veiga (Ombre-Pontedeume, A Coruña, 1961). Es periodista y poeta. Ha publicado numerosos artículos sobre arte y literatura. Publicó los siguientes libros de poesía: Paisaxes do baleiro (Xerais, 1999), Desconcerto (Biblos, 2006), A luz e as suchas cicatrices (2006), A frecha azul do Teixo (Espiral Maior, 2010), A distante do tambor (Espiral Maior, 2014. Premio Fiz Vergara Vilariño y Premio AELG de Poesía), Soño e verteice (Espiral Maior, 2016, Premio Concello de Carral de Poesía y Premio de la Crítica Española 2016), Percussed Silence (Espiral Maior, 2016. Premio Cidade de Ourense de Poesía) y Quérote canto (Ediciones Xerais 2020) escrito con Baldo Ramos (Premio Losada Diéguez a la creación literaria 2020).

1

One day you arrive at this extension
of the gaze.
You don't know where you're from because you do not
come from any place.
Time used to bringing you just as the breeze brings
the timely randomness.
You are here
forever now
oblivion or memory ring.
But, impossible
not to be light, its scar

2

This life is flowing in a river, all flowing within my life. Ephemeral
roots or
tangled veins resembling faces evading in other traces.
Leaf rustle or the diaspora of stars.
My tongue then tastes like slow fire on the half-open lips
of the earth. And you ask me, secretly, to go on further and further to
where the wave loses its sense of limit: water returned

3

snowdrop falling
as the most beautiful hours of sadness descend
sweet and slowly upon the skin
turns into silence
night falls and forgets
while inside the blood
fractal in the extreme scorch

just an instant
until the flower rises up
and the shadow remains invisible
the cold

4
if love was this water lily of mist that engulfs the city
and prevents us from seeing the arrival of the new ships by night

if love was a labyrinth braiding the air spasms
of clumsy seagulls who confuse the crossbow and silk

if love was this outlined anatomy of absence
that overwhelms the slow root of flesh in memory

If love was this faltering fountain of words
or petals abandoning its nectar for the insects

5

By the forest of roots, deeper into the nakedness of the blood, in the spinal warp of words, in the open sky, extracting its original brightness, the laborious hand of helplessness

6

be in
you
pure moment
that expires and opens
at the same time
the flower of the world

1

Un día llegas a esta extensión
de la mirada.
No sabes de donde vienes porque no vienes
de un lugar.
Te traía el tiempo como el viento trae
el oportuno azar.
Estás aquí
ya para siempre
anillo de olvido o de memoria.
Pero, imposible
no ser luz, su cicatriz.

2

Va en río fluyéndome esta vida en la vida toda. Efímeras raíces o
venas enramadas figuran rostros que se evaden en otros rastros.
Susurro de hojas o diáspora de estrellas.
Mi lengua sabe entonces a fuego lento en los labios entreabiertos
de la tierra. Y tú en secreto me pides que continúe más y más hasta
donde la onda pierde la noción del límite: agua regresada.

3

flor de nieve que cae
como descienden las horas más hermosas de la tristeza
dulces y lentas sobre la piel
se vuelve de silencio
se hace de noche y olvida
mientras dentro la sangre
fractal en la extrema quemadura

solo un instante
hasta que la flor se yergue
y queda la sombra invisible
el frío

4

fuese el amor este nenúfar de niebla que inunda la ciudad
e impide ver los barcos nuevos en la arribada de la noche

fuese el amor el laberinto trenzando en el aire espasmos
de torpes gaviotas que confunden la ballesta y la seda

fuese el amor esta perfilada anatomía de la ausencia
que oprime la lenta raíz de la carne en la memoria

fuese el amor el entrecortado surtidor de palabras
o pétalos que abandonan su néctar a los insectos

5

Por entre el bosque de raíces, más adentro de la desnudez de la
sangre, en la espinal urdimbre de las palabras, a cielo abierto,
extrayendo su brillo original, la laboriosa mano del desamparo.

6

ser en
ti
puro instante
que expira y abre
a un tiempo
la flor del mundo

APRIL 2, 2022

2 DE ABRIL, 20

Antonio Crespo Massieu

Translated by MartaLópez Luaces and Rolando Pérez

Antonio Crespo (Madrid, Spain, 1951) graduated with a BA in Philosophy and Literature from Complutense University, and he also has a Diploma in Portuguese Studies, University of Lisbon. He was responsible for the literary section of Viento Sur journal and noe he is part of its Advisory Board. He published the following poetry collections: *En este lugar*, 2004, *Orilla del tiempo*, 2005, *Elegía en Portbou*, 2011, *Los regresados*, 2014, *Obstinada memoria*, 2015, *Memorial de ausencias. Poesía reunida.2004-2015*, 2019, *Compartir*, 2021 y *El dolor que amamos, 2022. Elegía en Portbou* was finalist for the National poetry award. He published book of short stories relatos *El peluquero de Dios,* 2009 and the novel *Portbou: estación término* finalist of the award Premio de Novela Ateneo de Madrid 2021.

Antonio Crespo (Madrid, España, 1951) Licenciado en Filosofía y Letras, Universidad Complutense, y Diplomado en Estudios Portugueses, Universidad de Lisboa. Ha sido responsable de las páginas literarias de la revista **Viento Sur**, pertenece a su Consejo Asesor. Ha publicado los poemarios *En este lugar*, 2004, *Orilla del tiempo*, 2005, *Elegía en Portbou*, 2011, *Los regresados*, 2014, *Obstinada memoria*, 2015, *Memorial de ausencias. Poesía reunida.2004-2015*, 2019, *Compartir*, 2021 y *El dolor que amamos, 2022.* Y el libro de relatos *El peluquero de Dios,* 2009. Finalista del premio Nacional de Poesía 2012 con *Elegía en Portbou.* Su novela *Portbou: estación término* fue finalista del Premio de Novela Ateneo de Madrid 2021.

Since when?

Since when the angel, the bird,
since when the wound, the song, the shattered
the awe, the sweet permanence, the light
since when the music, its weightless descent
the lightness bathing the world, the word
climbing the night, predicting turn by turn
the hinge, half open, the wounded hip, the skin
marked, what surrounds and embraces, the circumcised
the fractured fidelity, the fraternal constancy
of what the contemplated contemplate?
Since when the silence and its shadows,
since what time without time, pierced renunciations
enumerate betrayals, omissions, since when?

Who heard the bird, the light, the flesh,
who said it, from where was it invented, baptized
and made the instant sacred, turned the future into hope
a terse dream that divines the possible, what has never occurred
and nevertheless always pondered, inquired
trembling, empty, an observation ditch, descent, return.

Since when the bird, the light?
since when the hunter, the dark silence?
since when?

When the word arrived it became blood, mouth, saliva
when it populated, it named, said, remained.

But when did the word arrive?
when did the bird and its song?
since when the song?
since when its surrender?

¿A partir de cuándo?

¿A partir de cuándo el ángel, el pájaro,
desde cuándo la herida, el canto, lo quebrado,
el asombro, la suave permanencia, la luz,
desde cuándo la música, su ingrávido descenso,
la claridad bañando el mundo, la palabra
escalando la noche, vaticinando gira que gira
el gozne, lo entreabierto, la cadera herida, la piel
marcada, lo que rodea y abraza, lo circunciso,
la agrietada fidelidad, la fraterna constancia
de lo que contemplan los contemplados?
¿A partir de cuándo el silencio y sus sombras,
desde que tiempo sin tiempo horada renuncias,
enumera traiciones, olvidos, cuándo?

Quién escuchó el pájaro, la luz, la carne,
quién la dijo, desde dónde la inventó, la bautizó
y sacralizó el instante, lo venidero como esperanza,
un sueño terso que adivina lo posible, lo nunca acaecido
y sin embargo siempre preguntado, indagado
en temblor, hueco, cuenco de vigilia, descenso, regreso.

¿A partir de cuándo el pájaro, la luz?
¿desde cuándo el cazador, el oscuro silencio?
¿a partir de cuándo?

Cuando llegó el verbo y fue sangre, boca, saliva,
cuando pobló, nombró, dijo, permaneció,

Mas ¿cuándo llegó el verbo?
¿cuándo el pájaro y su canto?
¿a partir de cuándo el canto?
¿cuándo su renuncia?

Memory of a Small Disaster

Children in Birkenau were migratory birds
Primo Levi

We speak of migratory birds
small birds
ephemeral
dissolved in smoke.
Tiny smiles
that barely were.

We speak of the horror of the birds
forever lost
without end.
Of the absence of the flesh
and of the weightless condition
of what was never dreamed.

We speak of the time of the executioners
and the ignominy.
Of the void of God
and his dense smoke covering the centuries.

We speak of migratory birds
of the guilt of the ornithologists
and the slight weight of innocence.

And we want
this small ecological disaster
(just a few hundreds of thousands
of tiny Jewish birds)
to be forever recorded.

Memoria de un mínimo desastre

Los niños, en Birkenau, eran aves de paso
Primo Levi

Hablamos de aves migratorias
pequeños pájaros
efímeros
disueltos en humo.
Minúsculas sonrisas
que apenas fueron.

Hablamos del horror de los pájaros
perdidos para siempre
inconclusos.
De la ausencia de la carne
y la ingrávida condición
de lo nunca soñado.

Hablamos del tiempo de los verdugos
y la ignominia.
Del vacío de Dios
y su densa humareda cubriendo los siglos.

Hablamos de aves migratorias
de la culpabilidad de los ornitólogos
y el leve peso de la inocencia.

Y queremos
que este pequeño desastre ecológico
(apenas unos cientos de miles
de mínimos pájaros judíos)
quede para siempre consignado.

Eugenia Stracalli

Translated by Marta López Luaces and Rolando Pérez

Eugenia Stracalli (La Plata, Argentina,1970) is a poet, editor, playwright and critic. She is a teacher and researcher, member of the Centro de Estudios de Teoría y Crítica Literria de la Fahce, UNLP (Argentina). She published *Ninfas (no muses)* (Buenos Aires Poetry, 2017); *El alfabeto de los árboles* (Ediciones en Danza, 2018); *¿Por qué no hablan las sirenas?,* (Prueba de Galera editorial,2019); *Para escuchar la música del poema*, (Buenos Aires Poetry, 2019). She is coordinator of the *Atlas de la poesía argentina* I (EdULP, 2017) and *Atlas de la poesía argentina* II (EdULP, 2019). Coordinator of the Antología de la Poesía Federal de la Pcia de Buenos Aires (2019); *Soy Bruja* (Ediciones en Danza, 2020), *Medusa* (Vuelo de Quimera, 2021). She is the General coordinator of Vuelo de Quimera Editoras.

Eugenia Stracalli (La Plata, Argentina, 1970). Poeta, editora, dramaturga y crítica de poesía. Docente e investigadora, miembro del Centro de Estudios de Teoría y Crítica Literria de la Fahce, UNLP (Argentina). Ha publicado *Ninfas (no musas)* (Buenos Aires Poetry 2017); *El alfabeto de los árboles* (Ediciones en Danza, 2018); ¿Por qué no hablan las sirenas?, (Prueba de Galera editoras 2019); Para escuchar la música del poema, Buenos Aires Poetry, 2019). Es coordinadora del *Atlas de la poesía argentina* I (EdULP, 2017) y del *Atlas de la poesía argentina* II (EdULP, 2019). Coordinadora de la *Antología de la Poesía Federal de la Pcia de Buenos Aires* (2019); *Soy Bruja* (Ediciones en Danza, 2020) *Medusa* (Vuelo de Quimera, 2021). Coordinadora general de Vuelo de Quimera Editoras.

Phaedra *(Aquatint First)*

This woman has a strayed libido

At the exact spot where the sea opens
I saw Icarus collapse,
first his head struck a rock then it was a vision underwater,
I'm waiting quietly
(I don´t have any self-control)
On a rocky balcony
I am sheltered
since when does the peaceful burial of maritme
fury take you away? Everything changed
I know
collapsed
on the edge of the abyss
look at my feet
exempt from exile.
—Phaedra no longer returns
I told myself
—What danger does her letter,
her name and her self-loathing
pose to you?
I told you.
Don't forget that I belong to a fatal race
and that I flee in distress
every time
to avoid hearing father's stories. Since, indeed,
the passion of love
manifests in the upper air
condenses in such a way
that it becomes flammable,

combustion in the sky
and takes on both the appearance
of burning flame,
like moving torches
and that of shooting stars,
that seem scarlet.

Fedra *(Aguatinta primera)*

Esta mujer tiene la libido extraviada

En el sitio exacto donde el mar se abre
vi desplomarse a Ícaro,
primero su cabeza golpeó sobre una roca después fue una visión
bajo el agua, callada estoy esperando
(no puedo tener templanza).
En un balcón de roca
refugiada
¿desde cuándo te aleja
apacible el entierro de la furia marítima? Todo cambió
ya lo sé
derrumbada
en el borde del abismo
mirá mis pies
exemidos del exilio.
—Fedra ya no vuelve
me dije.
—¿Qué peligro supone para vos
su letra, su nombre
y su hastío de sí misma?
Te dije.
No te olvides que pertenezco a una raza fatal
y que huyo afligida
cada vez
para no escuchar los relatos del padre. Ya que, en efecto,
la pasión amorosa
se manifiesta en el aire superior
se condensa de tal manera
que resulta inflamable,

la combustión en el cielo
y adopta tanto el aspecto
de una ardiente llama,
como las antorchas que se mueven
y las estrellas fugaces,
que parecen escarlatas.

Ninfas Not Muses

dedicated to that "man"?
who was always a toad or a little toad also a pig before the spell
despite the gaze of the nymphs and drowned (worse than Narcissus)
in his ominous soft belly.

when a nymph drowns in her own fountain it is always the fault of
a man who did not understand that she is an unprecedented event.

in the spin of a nymph in the air lethal vertigo
the poem originates

a nymph is a necromancer
not spectral like a muse
eternity is in her breath in her poetry

a muse is suspended
on the back of the fold
in the voice of a man who wants

own your shiver

the nymph inhabits time has a life beyond the center of the man
lost in her already a pig he falls and laughs knowing that his echo
does not have to be heard by Narcissus the nymph dances the muse
crystallizes the nymph bleeds out the muse denies the void the
nymph finds right there her fullness. nymphs not muses kill
In Nymphs (not muses), Buenos Aires Poetry, 2016

del hombre perdido en ella ya es un cerdo
se despeña y se ríe sabe que su eco
no tiene por qué escucharlo Narciso

la ninfa danza
the nymph dances
the muse crystallizes the nymph bleeds out the muse denies the void
the nymph
finds right there
her fullness.
nymphs not muses kill

Ninfas no musas

dedicado a ese ¿hombre?

que fue siempre sapo o sapito también cerdo antes del hechizo
a pesar de la mirada de las ninfas y murio⊠ ahogado (peor que Narciso)
en su ominosa panza blanda.

cuando una ninfa se ahoga en su propia fuente siempre es culpa de
un hombre que no entendió que ella es un acontecimiento inaudito.
en el giro de una ninfa en el aire vértigo letal
se origina el poema
una ninfa es nigromante
no espectral como una musa
la eternidad está en su respiración en su poesía
una musa queda suspendida
en el revés del pliegue
en la voz de un hombre que quiere
ser dueño de su estremecimiento
la ninfa habita el tiempo tiene una vida más allá
del centro
del hombre perdido en ella ya es un cerdo
se despeña y se ríe sabe que su eco
no tiene por qué escucharlo Narciso
la ninfa danza
la musa se cristaliza la ninfa se desangra la musa niega el vacío la
ninfa encuentra justo allí
su plenitud.
las ninfas no las musas matan

SEPTEMBER 24, 2022

24 DE SEPTIEMBRE, 2022

Peter Carravetta

Translated by Marta López Luaces and Rolando Pérez

Peter Carravetta (Lappano, Italy, 1951) is a professor of philosophy at SUNY/Stony Brook. He published nine books of cultural criticism and philosophy, the latest being *Language at the Boundaries. Philosophy, Literature, and the Poetics of Culture* (2021). He is also the author of eight collections of poetry, including *The Sun and Other Things* (1997), *L'infinito* (2013), and *the other lives* (2014).

Peter Carravetta (Lappano, Italy, 1951) es profesor de filosofía en SUNY/Stony Brook. Ha publicado nueve libros de crítica cultural y filosofía. Sus últimas publicaciones son: *Language at the Boundaries Literature, and the Poetics of Culture* (2021). También es autor de ocho colecciones de poesía, entre ellas, *The Sun and Other Things* (1997), *L'infinito* (2013), and *the other lives* (2014).

Because

Canzone, io credo che saranno radi
Color che tua ragion intendan bene,
tanto la parli faticosa e forte

Because I never got over how much
It slices through some subterranean nerve ending
When someone nonchalantly tells me
"This is how we say it here …"
As if I hadn't lived in this here land …
As if I hadn't sweated and struggled and fought
In this very same "here" I stumped and wrapped myself into
This borough and this city and this nation
And this world which is all there is
For ten and thirty and fifty and one thousand years
And proved accents are like visible blemishes
Like a limp a lisp a battle scar across the forehead

Because I have recently realized
That intelligence is a chimera and introspection a taboo
For people who listen not nor even hear when you talk
But pretend they're smart coughing up proverbs
Preposterously narcissistic advertising snippets
And make of the already dreadful dreary talking points
With platitudes I and Bob and Ed
Left behind with our jock straps in high school

Because I have come to terms with
Barely meaningful comprehension from
The other side of the communication chain
By most by all by some acquaintances and coworkers
Let alone the subway riders and suspicious state troopers
Suggesting that something predates even poetry

Because for so long so many sleepless nights
Marauding along the canyons of philosophical pursuits
That required pushing the body the pages the conversations
To the limits of intelligibility
To carve out the ideas like a totem a passion play
And register the absurd the predictable
The spontaneously original
Only in short to find that reason like a cancer grows
When happiness and its defenses are down and out

Because I had to discover humor well past fifty
It wasn't under the bed or anything and
Neither Pfizer nor Monsanto had patents on the potion
But I'd sworn before the mirror one sullen morning
I wouldn't be brooding and cranky all the way
To the grave like a sorry tattered shade
Despite etiquette early tax returns and Warhol's Marilyns

Because I was simply trying
To be cute when I stepped on the plane
And told the attractive forty-something flight attendant
"Does 22A get champagne too"
And surprised she smiled and said
"No, sorry, only first class" pointing the other way
And four hours later while soaring in the *Comedy*
She walks unexpectedly over with a cup of the elixir

Because it still depresses me when I hear the rubbish
On the nightly news and read the lies and the bile
Some illiterate posted unscreened on websites
While I had charted Hesperus so many eons ago
And navigated to the tune of "Imagine" and
"A simple song of freedom" and other youthful "rants"

Because there is no reason on earth why so many
Have to become a bug a rat a disposable specimen
In the cornucopia of sugars and GMOs and
The shameless greed of pixilated anonymous managers
Though that was said many lives ago but now it's autumn

Because my father had to emigrate at age sixty-one
And mamma too at fifty-two
To give two little peasant children a future, it was said,
Deciding to act against preordained paths and postures and
Common sense and of course the dead would be offended
Biting their pride and silencing their suffering
Like shadows groping along the strange coordinates
Awed and worried and bemused at times
For the weird hairdos circus dress and false cognates yet
Living for years on the edge of sheer inhuman incomprehension

Because hearing my children's voices
Tells me there's still some supreme being hiding around the corner
And taking stock for seconds of the bursting cherry bud by the balcony
Speaks of a tightrope between science and hope
For I have been oh how lucky despite the rainy seasons
And the TV is tuned to a program on the harmony of the spheres

Because I can now clearly recall the signposts
When the rainbow stretched over a different map
And I marched to the tune of different grammars
Making of conjunctions and unsuspecting prepositions
The subject of sentences and of sentences
And of

Porque

Canzone, io credo che saranno radi
Color che tua ragion intendan bene,
tanto la parli faticosa e forte

Porque nunca superé cuánto
Se desliza por alguna terminación nerviosa subterránea
Cuando alguien me dice con indiferencia
"Así es como lo decimos aquí…"
Como si no hubiera vivido en esta tierra…
En este "aquí" me quedé perplejo y me envolví en
Este barrio y en esta ciudad y en esta nación
Y en este mundo que es todo lo que ha habido
Desde hace diez y treinta y cincuenta y mil años
Y los acentos manifiestos son como defectos visibles
Como una cojera un seseo una cicatriz en la frente

Porque recientemente me he dado cuenta
Que la inteligencia es una quimera y la introspección un tabú
Para las personas que no escuchan o ni siquiera oyen cuando hablas
Pero fingen ser inteligentes escupiendo proverbios
fragmentos de propaganda ridículamente narcisistas
Y hacer de los ya odiosos temas de conversación
Con los lugares comunes yo y Bob y Ed
Dejamos atrás nuestras suspensores de la secundaria

Porque he llegado a un acuerdo con
Una comprensión mínima de parte
De la Cadena de Comunicación,
De la mayoría de todos de algunos conocidos
Y de compañeros de trabajo,

Aún menos los pasajeros del metro y la no confiable policía estatal,
Sugiriendo que algo es anterior incluso a la poesía

Porque durante tanto tiempo y tantas noches sin dormir
Merodeando por los barrancos de las búsquedas filosóficas
Que requiere empujar el cuerpo las páginas las conversaciones
Hasta los límites de lo inteligible
Para tallar las ideas como un tótem un juego de la pasión
Y registrar lo absurdo lo predecible
Lo espontáneamente original
Para resumir encontrar que la razón como un cáncer crece
Cuando la felicidad y sus defensas están derrotadas

Porque tuve que descubrir el humor después de los cincuenta
No estaba debajo de la cama ni nada por el estilo
Ni Pfizer ni Monsanto tenían patentes de esa poción
Pero juré ante el espejo una hosca mañana
No estaría melancólico y malhumorado hasta llegar
A la tumba como una triste sombra andrajosa
A pesar del protocolo de las tempranas declaraciones de
[impuestos y del Marilyns de Warhol

Porque simplemente estaba intentando
Ser lindo cuando subí al avión
Y le dijo a la atractiva azafata de cuarenta y tantos años
"Al 22A también le dan champán"
Y sorprendida sonrió y dijo
"No, lo siento, sólo la primera clase" señalando hacia el otro lado
Y cuatro horas más tarde mientras volaba con la *Comedia*
se acerca inesperadamente con una copa del elixir

Porque todavía me deprime cuando escucho la basura
En las noticias de la noche y leo las mentiras y la bilis
Que algún analfabeto publicó en un sitio de la web desprotegido

Mientras hace tantos siglos yo había trazado Hesperus
Y navegado con la melodía de "Imagine" y
"Una simple canción a la libertad" y otros "diatribas" juveniles

Porque no hay ninguna razón sobre la tierra por la que tantos
Tengan que convertirse en un bicho una rata un espécimen
[desechable
En la cornucopia de azúcares y OMG y
La avaricia desvergonzada de los pixelados gerentes anónimos
Aunque eso ya se dijo hace muchas vidas pero ahora es otoño

Porque mi padre tuvo que emigrar a los sesenta un años
Y mamá también a las cincuenta dos
Para darle un futuro a dos pequeños niños campesinos, se dijo,
Decidieron actuar contra los caminos y posturas pre-ordenadas y
El sentido común y por supuesto los muertos se ofenderían
Mordiendo su orgullo y silenciando su sufrimiento
Como sombras a tientas a lo largo de las extrañas coordenadas
Asombrados y preocupados y aturdidos a veces
Por los peinados raros los vestidos de circo y los falsos cognados
y todavía
Tener que vivir años al borde de la incomprensión inhumana

Porque escuchar las voces de mis hijos
Me dice que todavía hay un ser supremo escondiéndose a la vuelta
[de la esquina
Y por unos segundo desde el bacón hago inventario del brote de
cerezo
que me lleva a pensar sobre la cuerda floja entre la ciencia y la
[esperanza
Porque he tenido oh tanta suerte a pesar de las estaciones lluviosas
Y la TV sintonizada con un programa sobre la armonía de las esferas

Porque ahora puedo recordar claramente las señales

De cuando el arco iris se extendía sobre una geografía diferente
Y marché al son de diferentes gramáticas
Elaborando conjunciones y preposiciones insospechadas
Temas de oraciones y de sentencias
Y de

Robert L Giron

Translated by Marta López Luaces

Robert L Giron (USA) is the author of five books of poetry (*Songs for the Spirit / Canciones para el Espíritu, Metamorphosis of the Serpent God, Songs for the Spirit*, and the chapbooks: *French Impressions / Impressions françaises, Recuerdos / Memories* and *Wresting with Wood*) and has edited five anthologies. His poetry and prose have appeared in national and international anthologies. He was born in Nebraska, but describes himself as a transplanted Texan, with family roots going back more than four centuries, living in Arlington, Virginia. He recently discovered that his ancestry spans most of Europe and the Mediterranean area, in addition to having Indigenous ancestry from Mexico/Texas. He is currently associate editor of *Potomac Review*, editor-in-chief of *ArLiJo*, and founder/publisher of Gival Press.

Robert L Giron (EE.UU.) es autor de cinco libros de poesía (*Metamorfosis del Dios Serpiente, Canciones para el Espíritu*, y los chapbooks: *Impressions françaises, Recuerdos* y *Wresting with Wood*) y ha editado tres antologías. Su poesía y prosa han aparecido en antologías nacionales e internacionales. Nació en Nebraska, pero se describe como un tejano trasplantado, con raíces familiares que se remontan a más de cuatro siglos, que vive en Arlington, Virginia. Recientemente descubrió que su ascendencia abarca la mayor parte de Europa y la zona del Mediterráneo. Actualmente es editor asociado de Potomac Review, redactor jefe de ArLiJo y fundador/editor de Gival Press.

The Chair, Father's Day June 21, 2020

So here we are, Dad,
your worse fear came to pass,
now you're in the chair.

How you pushed yourself
to walk again after the fall—
we all rallied around you.

Then reality settled in:
baby steps, even if with
one leg dragging a bit.

You recall that
trek through France
watching truck after truck
drive by with bodies
of young and not so young
stacked like toothpicks.

Keep looking forward,
wanting the best.

A bit of happiness
when you saw Louie
near Luxembourg—
wondering if it
would be your last
time to see each
other but glad to hug,
praying brother Ernie
in Italy was okay.

Back to your troop,
filled with cheer,
you joined the march
to the battle—
then shrap metal hit your
back and buttocks—you
pulled through—others didn't.

Wounded for life—
ignore the pain—
I'm strong—
yeah, you are.

Then two years before
your 100th a simple turn,
a stray cane—
life changed in a flash.

A bolt of light
hit and poof,
the knight fell.

Now, you curse the chair.
Slowly, daily life has
dwindled to meals, short walks
and opening mail.

Wanting more with mind
sharp, you inhale,
exhaling exasperation,
recalling the trek
through England,
France, Luxembourg and
back to England for recovery.

They presented a Purple Heart—
you earned it.

Then seventy years
later with the help
of many, they gave
you the Bronze Star.

Proud of you, family
applauded once pinned.

Through the years, you kept
a distance, never sharing much.

Now that you're bound
by the chair, we all have
seen the good and the bad.

The bad we're all
capable of in despair.

Gently your body
fails, yet your mind
is sharp as glass.

A thought
flitters, captured
in space precious
as Mom all these years.

Though far and near,
we hold you
dear.

La silla, Día del Padre, 21 de junio de 2020

Translated by de Marta López Luaces

Así que aquí estamos, papá,
tus miedos se hicieron realidad,
ahora estás en la silla.

Cuánto te esforzaste
para volver a caminar después de la caída—
todos nos unimos a ti.

Entonces la realidad se impuso:
pasos de bebé,
una pierna se arrastraba un poco.

Recuerdas ese
viaje por Francia
viendo pasar un camión tras otro
con cuerpos
jóvenes y no tan jóvenes
apilados como palillos.

Hay que seguir mirando hacia adelante,
deseando lo mejor.
Un poco de felicidad
cuando viste a Louie
cerca de Luxemburgo—
preguntándote si sería
la última
vez que se verían

pero te alegraste de abrazarlo,
rezabas para que tu hermano Ernie
en Italia estuviera bien.

De vuelta a tu tropa,
lleno de alegría,
te uniste a la marcha
hacia la batalla—
entonces la chatarra golpeó
la espalda y las nalgas,
te libraste, otros no lo hicieron.

Herido por vida—
ignora el dolor—
Soy fuerte.

Sí, lo eres.
Entonces, dos años antes de
su centenario un simple giro
un bastón perdido—
la vida cambió en un instante.

Un rayo de luz
golpeó y puf,
el caballero cayó.

Ahora, maldice la silla.
Poco a poco, la cotidianidad se ha
reducido a las comidas, los paseos cortos
y abrir el correo.

La mente aguda
aspira a más,
inhalas,

exhalando exasperación,
recordando el viaje
por Inglaterra,
Francia, Luxemburgo y
de vuelta a Inglaterra para recuperarte.

Te pusieron la medalla, Purple Heart …
te la ganaste.

Luego, setenta años
después, con la ayuda
de muchos, te dieron
la medalla, Bronze Star.

Orgulloso de ti, la familia
aplaudió una vez que te la pusieron en la solapa.

A lo largo de los años, has mantenido
la distancia, sin compartir mucho.
Ahora que estás atado
a la silla, todos hemos
visto lo bueno y lo malo.

El mal del que todos somos
capaces en la desesperación.

Suavemente tu cuerpo
falla, pero tu mente
es aguda como el cristal.

Un pensamiento
revolotea, capturando
en un espacio precioso
a mamá todos estos años.

Aunque lejos y cerca,
te sostenemos
con cariño.

The Manifestation of Sisíism

(This poem first appeared in *Poetic Voices Without Borders 2*, edited by Robert L. Giron, Gival Press, 2009.)

By the dawns of the early light
by the smell of burnt oil
in the midst of selfish greed
run amuck under the cloak
of evangelical hypocrisy,
I sigh and decry the
hostility vented towards
poor Latino immigrants
trying to find a place
in the sun like those
who have come before—
legal and illegal—
I ask: Where is this
country headed?
Blame the weak; the poor;
hate the Spanish-speaker;
the Muslim; the gay;
the agnostic; the liberal,
all but those who have
set it all in motion—
who will be next?
Delusion: the drink
of money and power
blinds and deafens the
senseless stupidity
and bigotry *foxed* across
the land of repeat and repeat

till lies become truth.
When will this country
awaken from the stupor
of veiled infestation?
Let us say sisí,
let us create,
think, make the
positive.
Let art, literature,
music, drama, morality,
and value for humanity
drown out cries of Iraq,
senseless bombings
in Israel and palestine
Let us destroy the
meaningless of present life—
a revolt of Dada's revolt
to Sisí
like twins sprung
from the same
vile seed—to manifest
a new age
of art and life.

La manifestación del Siismo

Por los amaneceres de la luz temprana
por el olor a aceite quemado
en medio de la codicia egoísta
que se desborda bajo el manto
de la hipocresía evangélica,
suspiro y deploro la
hostilidad hacia
los pobres inmigrantes latinos
que intentan encontrar un lugar
en el sol como los que
han venido antes—
legales e ilegales—
Pregunto: ¿Hacia dónde se dirige
este país?
Culpar a los débiles; a los pobres;
odiar al hispanohablante;
al musulmán; al gay;
al agnóstico; al liberal,
a todos menos a los que han
puesto todo en marcha—
¿quién será el siguiente?
La ilusión: la bebida
del dinero y el poder
ciegan y ensordecen
la estupidez sin sentido
y el fanatismo que *se extiende* a lo largo
de la tierra de la repetición y la repetición
hasta que las mentiras se convierten en verdades.
¿Cuándo despertará este país
de este estupor

de infestación velada?
Digamos sisí,
creemos,
pensemos, hagamos lo
positivo.
Dejemos que el arte, la literatura,
la música, el teatro, la moral,
y el valor de la humanidad
ahoguen los gritos de Irak,
los bombardeos sin sentido
en Israel y Palestina.
Destruyamos
el sin sentido de la vida actual—
una revuelta de la revuelta de Dada
al Sisí
como gemelos surgidos
de la misma
vil semilla — para manifestar
una nueva era
de arte y vida.

Leopoldo "Teuco" Castilla

Translated by Marta López Luaces and Roloando Pérez

Leopoldo Castilla (Salta, Argentina, 1947). In 1976 he was persecuted by the military dictatorship, and he went into exile in Spain, where he lived for 21 years. He currently resides in Buenos Aires. He is the author of twenty-eight books of poetry and eleven books of fiction and essays. He won numerous national and international awards, including the Víctor Valera Mora International Poetry Prize awarded by the Rómulo Gallegos Center for Latin American Studies in Venezuela and the Fray Luis de León Medal for Ibero-American poetry conferred by the City of Salamanca, Spain. He is an Honorary Doctor from the National University of Salta. His anthologies were published in different countries of Europe and Latin America. His poetry was translated into twelve languages.

Leopoldo Castilla (Salta, Argentina, 1947). En 1976 se exilió en España perseguido por la dictadura militar donde residió 21 años. Actualmente reside en Buenos Aires. Es autor de veintiocho libros de poesía y once de narrativa y ensayo. Obtuvo numerosos premios nacionales e internacionales, entre ellos el Premio Internacional de poesía Víctor Valera Mora que otorga el Centro de Estudios Latinoamericanos Rómulo Gallegos de Venezuela y la Medalla Fray Luis de León de la poesía Iberoamericana conferida por la Ciudad de Salamanca, España. Es Doctor Honoris causa por la Universidad Nacional de Salta. Antologías suyas se publicaron en distintos países de Europa y América Latina y su poesía suya fue traducida a doce idiomas.

The Desert

to Arturo Botelli

In the desert
                    one is the shadow
the cleft
through which death
or the next day passes by
one lives one's grave
                    in the dark
within his flesh,
hearing how the wind carries away the day
and the dusty sea,
beating airlessly
                    its black butterfly
against the air.
Here
the constellations burden
the scorpion
and man is poisoned
if he pronounces, alone, his own name in the night.

Only when the red dune
frightens the moon,
after space has been devoured,
only then
                    what is left of one self
                                        heals.

III

What about the line
that has no shadow
and assembles this body
that has no body?

The world is pierced
by certain elements
that were never in the world
from them come to us
the temptation to disappear.
Perhaps we are
also graphing.

Without shadow and with no person
through a line
a dead man can escape.

IV

We came earlier.
There are
sites that space does not know.

I am the moon that howls at the wolf,
I have infiltrated myself among you
I was convicted
by the intensity of the falling leaf
far from nature
a splinter that shines in the waste,
a false genesis, a joy.

VII

Man sees himself whole in a animal's eye
inside a drop
still falling in the alluvium of the stars.
And he sees the tiger tattooed by the flames of the sun
the clandestine
tiger
barely stepping so as not to set the fields on fire.
Look at the viper, lightning's glove,
the astronomy of the spider,
the nerves of lightning in the zebra,
the meteorites of the beetles,
the noburial night of the bull
and the constellated lust of the saurian.
The whole cosmos imprisoned in the herd
Except for the hummingbird that trembles, fixed in the air.

That
        is just arriving.

XXIII

In the courtyard, there, in the heat,
I am transparent.
I am still no one in the mirrors
but I will be the only one who will never return
when I enter like a lion
in the weeds of the wasteland.
I have three secrets:
every night, I wake up,
I see death coming down the stairs
and, while I am asleep,
        the rain of fire
            arriving from the end of the world.

And the third one:
in the daytime in the market, for a coin,
the viper tamer hangs two snakes around my neckI don't tell my parents anything. I have to be a man.
They don't know that I know how to fly and also disappear.
Because everything is full of what doesn't exist.
Let my grandmother Lola say so, who cannot see,
and remembers the angels
or my grandmother Candelaria who extinguishes lightnings
with a cross made of ashes.
"Where is that boy," they ask, not realizing
that I'm everywhere.
One day I kill myself to see me,
to remember me when I grow up.

I know how many roosters the dawn murders
and that afternoons are only one afternoon. I have not yet

finished counting the stars.
That's why nobody dies here.

I save them.
I have a sword
and I walk on air.

Desierto

a Arturo Botelli

En el desierto
uno es la sombra
la hendidura
por donde pasa la muerte
o el día siguiente

uno vive su tumba
a oscuras
dentro de su carne,
oyendo cómo el viento se lleva el día
y el polvoriento mar,
que golpea sin aire
contra el aire
su mariposa negra.

Aquí
las constelaciones cargan
al escorpión
y el hombre se envenena
si pronuncia, a solas, su propio nombre en la noche.

Sólo cuando el médano rojo
espanta a la luna,
después que el espacio se ha devorado,
recién entonces
lo que queda de uno
cicatriza.

III

¿Y la línea
que no tiene sombra
y arma este cuerpo
que no tiene cuerpo?

El mundo está atravesado
por ciertos elementos
que nunca estuvieron en el mundo

de ellos nos viene
la tentación de desaparecer.

Tal vez seamos
también grafía.

Sin sombra y sin persona
por una línea puede
fugarse un muerto.

IV

Vinimos antes.
Hay
lugares que el espacio desconoce.

Soy la luna que le aúlla al lobo,
me he infiltrado entre ustedes
convicto
con la intensidad de la hoja que cae
lejos de la naturaleza.
una esquirla que brilla en los residuos,
un génesis falso, una alegría.

Sobrevuelo la tierra
la tiemblo
igual que una lluvia que no ha caído todavía
olisqueo el mundo como a una presa.

No olviden el fulgor del instante que no está.
Los hombres llegan antes de venir.

Soy una señal
debo amamantar a mi madre
                              después volver al sol.

VII

El hombre se ve entero en el ojo del animal
dentro de una gota
cayendo todavía en el aluvión de los astros.
Y ve el tigre tatuado por las llamas del sol
el tigre
clandestino
pisando apenas para no incendiar los campos.

Mira la víbora, guante del rayo,
la astronomía de la araña,
los nervios del relámpago en la cebra,
los meteoritos de los escarabajos,
la noche insepulta del toro
y la lujuria constelada del saurio.
Todo el cosmos preso en la manada.

Menos el colibrí que tiembla, fijo en el aire.

Ese
        recién está llegando.

XXIII

En el patio, ahí, en el calor,
soy transparente.
Todavía no soy nadie en los espejos
pero sí el único que jamás va a volver
cuando se interne como un león
en los yuyarales del baldío.

Tengo tres secretos:
todas las noches, despierto,
veo descender la muerte por la escalera
y, dormido,
        llegar
        la lluvia de fuego del fin del mundo.
Y el tercero:
de día en el mercado, por una moneda,
un viborero me cuelga dos serpientes en el cuello.

A mis padres no les digo nada. Hay que ser hombre.
No saben tampoco que sé volar. Y desaparecer.
Porque todo está lleno de lo que no existe.
Que lo diga mi abuela Lola que no ve
y recuerda a los ángeles
o mi abuela Candelaria que apaga relámpagos
con una cruz de ceniza.

"Dónde andará ese chico" se preguntan, sin darse cuenta
que estoy en todas partes.

Un día me suicido para verme,
para acordarme de mí cuando sea grande.

Sé cuántos gallos asesina el alba
y que las tardes son una sola tarde. Aún no

terminé de contar las estrellas.
Por eso aquí no se muere nadie.

Yo los salvo.
Tengo una espada
tengo una espada
y camino por el aire.

Menchu Gutiérrez

Translated by Marta López Luaces and Rolando Pérez

Menchu Gutiérrez (Madrid, Spain, 1957) published several poetry collections: *La mano muerta cuenta el dinero de la vida* (1995/2020), *El ojo de Newton* (Pre-textos, 2005) and *Lo extraño, la raíz* (Vaso Roto, 2015). She is also the author of the following novels: *Disección de una tormenta* (2005), *Detrás de la boca* (2007), *La niebla, tres veces* (2011)) and *La mitad de la casa* (2021). She is also the author of several essays such as *Decir la nieve* (2011) on the metaphors of snow in literature, and *Siete pasos más tarde*, a poetics of the measures of time. She also translated poetry by E.A. Poe, J. Austen, A. Brontë, J. Brodsky and W.H. Auden, among others. She has collaborated with several literary magazines. She also taught several seminars and workshops at the University of International Menéndez Pelayo in Santander, the Complutense in Madrid and the UNAM in Mexico City.

Menchu Gutiérrez (Madrid, España, 1957) ha publicado varios poemarios, entre ellos *La mano muerta cuenta el dinero de la vida* (1995/2020), *El ojo de Newton* (Pre-textos, 2005) y *Lo extraño, la raíz* (Vaso Roto, 2015). También es autora de las siguientes novelas: *Disección de una tormenta* (2005), *Detrás de la boca* (2007), *La niebla, tres veces* (2011) y *La mitad de la casa* (2021). También es autora de varios ensayos como *Decir la nieve* (2011) sobre las metáforas de la nieve en la literatura, y *Siete pasos más tarde*, una poética de las medidas del tiempo. También ha traducido poesía de E.A. Poe, J. Austen, A. Brontë, J. Brodsky o W.H. Auden, entre otros, y ha colaborado con varias revistas literarias. También ha impartido varios seminarios y talleres en la Universidad Internacional Menéndez Pelayo de Santander, la Complutense de Madrid y la UNAM de México D.F.

I drink a glass of alcohol at the pharmacy,
full of smoke and silent like a brothel of intelligence.
The high stool is a tense cobra with a comfortable head.
It´s easy to believe that life has stopped here
and continues under the cobbled stone streets

*

And when I had the star in my hand
and would look again at the berries
so desired and so white,
I got caught up in the glowing bush.

*

The left eye is a branch,
the right eye is a crow.
The body is a dim light and sands
where the heart studies
in the shadow of the filters
and confuses the different worlds
formed on the banks of the veins.

*

The first time I counted the numbers, they were all there.

*

Step into the labyrinth
and let the dreaming arms follow you,
unleash the storm within you
and do not heed the call of echoes
that will form the mud.

*

Pain is memorized and diluted

in the isolated folds at the back of the head,
perversely stored in that frond of frozen water lilies,
self-cauterizing and contemplating, incest of itself.

*

Doubt is the prophecy of a deformed color
by the light of two stars facing each other,
perhaps, forever.

*

The perfect solitude
of the lizard on the hot stone
prevents me from dreaming.
In such a way, a heartbeat wears down the stone.

*

You walk behind me
and I follow your footsteps.
Asleep in a crown.

*

The ranger says:
"You can't stay here".
I catch the frost
and, like a mantle,
drag it through the city.

*

The sound of stalking is heard
in the paradise of tunnels.

*

She unfolded the tablecloth and set twelve dishes,
Twelve wine glasses, twelve forks, twelve knives …
and sat down to wait, with her back to the table,

for the arrival of her guests,
and imagined:
eleven erect trunks on eleven chairs,
and their eleven heads served before their eleven dishes,
and she thought:
"It's a fair image.
The mouth that feeds the ear,
the eyes that seek their own reflection …
It is right that these heads cover the dishes
of this unshared dinner".

*

It was her pupil,
isolated in the mirror,
the queen bee of chaos.

*

Is love coming back?
Yes, from here you can see the smoke descend,
the second time.

*

The magician makes his appearance in the circus arena. The lights begin to dim, the white atoms begin to compress until they are invert … until, under the tent, only the circle of sand remains illuminated, now appearing as a white hole.

The magician remains silent in the center of the hole, ceremoniously; filled with absolute stillness, a cataleptic immobility—one might say he is vertically prostrate—while he undergoes an exercise of coriaceous concentration. The audience, weightless, dematerialized, only responds to the magnetic attraction of the hole, and waits, bound by the force of the inevitable.

After the circle of time has passed, the magician draws a word from his mouth. It is heard: "white". Once pronounced, the word continues to gravitate over the white hole uninterruptedly. "White" is heard not repetitively, but constantly; not the final vowel, but each and every letter.

With the ears filled with this word and its meaning, the audience falls into a nervous trance. Until the tuning fork of the letter "w", of the letter "h", of the letter "i", of the letter "t", and of the letter "e", begins to vibrate, to distort... and you begin to hear a "b", a "k"… naked letters …, until, clearly, " black is heard".

*

In the middle of the night, Newton's eye began collecting eyes that he had stored in a basket. Eyes of birds and fish, of deer and snakes, of eagles, otters... and many, many fly eyes. Then he placed them in a gigantic mortar and began to stir and bind the repellent mixture. Repellent, because the snake's eye felt threatened by the eagle's eye, and the deer's eye was wary of the snake's eye, and all the eyes looked at each other with as much fear as greed.

The eyes of the flies, removed from their sockets, acted like a binding substance in a cornea with neither iris nor defined pupil. The tireless eye of the fly has obeyed Newton's eye without question and has become the perfect ally of his will.

As the cataract and the opacity grew, as the eyes crashed their black specter against the smooth and limitless surface of the mortar, everyone would say; yes, would say that seeing is synonymous with death.

The sound ceased to interfere wirh vision, and in pure silence the mortar gave birth to an eye.

The circular bronze wall shone for an instant wirh a white flame. For an instant, the eye maintained its balance in the center of the mortar; then, disoriented, it fell to its death.

What could the eye have seen at that moment of illumination when it could only see the white tension of the pupil! How did that iris, radiating from violet to yellow, reat to the white poison discharged in its interior? How did white come to be? And where was it that blindness began to be remembered?

Una taza de alcohol bebo en la farmacia,
cargada de humo y silenciosa como un burdel de inteligencia.
El alto taburete es una cobra tensa, de cómoda cabeza.
Es fácil creer que la vida se ha detenido aquí
y continúa bajo el empedrado de las calles.

*

Y cuando tuve la estrella en mi mano
y remiraba las bayas
tan deseadas y tan blancas,
me enredé en la zarza luminosa.

*

El ojo izquierdo es una rama,
el ojo derecho es un cuervo.
El cuerpo es luz tenue y arenas
donde el corazón estudia
a la sombra de los filtros
y confunde los mundos distintos
formados a orillas de las venas.

*

La primera vez que conté los números, estaban todos.

*

Introduce un pie en el laberinto
y deja que te sigan los brazos soñadores,
desata tu tormenta
y no acudas al reclamo de los ecos
que formarán el barro.

*

El dolor se memoriza y diluye
en los apartados pliegues del fondo de la cabeza,
se almacena con perversión en esa fronda de helados nenúfares,
se cauteriza y contempla, incesto de sí mismo.

*

La duda es la profecía de un color deformado
por la luz de dos astros que se enfrentan,
quizá, para siempre.

*

La perfecta soledad
de un lagarto sobre la piedra caliente
me impide soñar.
De tal forma un latido desbasta la piedra.

*

Caminas tras de mí
y yo te sigo los pasos.
Dormidos en una corona.

*

El guardabosques dice:
"Aquí no puedes quedarte".
Cojo la escarcha
y, como un manto,
la arrastro por la ciudad.

*

Se escucha el sonido del acecho
en el paraíso de los túneles.

*

Desplegó el mantel y dispuso doce platos,
doce copas de vino, doce tenedores, doce cuchillos...
y se sentó a esperar, de espaldas a la mesa,
la llegada de sus invitados,
e imaginó:
once troncos erectos sobre once sillas,
y sus once cabezas servidas ante sus once platos,
y pensó:
"Es una imagen justa.
La boca que alimenta el propio oído,
los ojos que buscan su propio reflejo ...
justo es que estas cabezas cubran los platos
de esta cena no compartida".

*

Era su pupila,
aislada en el espejo,
la abeja reina del caos.

*

¿Vuelve el amor?
Sí, desde aquí podéis ver la caída del humo,
la segunda vez.

El mago hace su aparición en la arena del circo. Las luces comienzan a bajar de intensidad, comienzan a comprimirse los átomos blancos hasta invertirse... hasta que, bajo la carpa, sólo queda iluminado el círculo de arena que ahora parece un agujero blanco.

El mago guarda silencio en el centro del agujero, ceremoniosamente, lleno de una absoluta inmovilidad, una inmovilidad cataléptica -se diría que postrado verticalmente— mientras se somete a un ejercicio de concentración coriácea. El público, ingrávido, desmaterializado, sólo atiende al imán del agujero, y espera, espera obligado por la fuerza de lo inevitable.

Transcurrido el círculo del tiempo, el mago extrae de su boca una palabra. Se oye: "blanco". Una vez pronunciada, la palabra continúa gravitando sobre el agujero blanco ininterrumpidamente. Se oye "blanco" no de forma repetitiva, sino constante; no la vocal final, sino todas y cada una de las letras.

Con los oídos llenos de esta palabra y de su significado, el público cae en un trance nervioso. Hasta que el diapasón múltiple de la letra "b", de la letra "l", de la letra "a", de la letra "n", de la letra "c" y de la letra "o", comienza a vibrar, a distorsionarse... y se empieza a escuchar una "n", una "o"…, letras desnudas …, hasta que, nítidamente, se oye: "negro".

*

En mitad de la noche, el ojo de Newton se ha puesto a recolectar ojos que ha guardado en una cesta. Ojos de pájaro y de pez, de ciervo y de serpiente, de águila, de nutria … y muchos, muchos ojos de mosca. Luego los ha introducido en una almirez gigantesco y ha comenzado a remover y a ligar la repelente mezcla. Repelente, porque el ojo de la serpiente se sentía amenazado por el ojo del águila, y el ojo del ciervo recelaba del ojo de la serpiente, y todos los ojos se miraban entre sí con tanto temor como codicia.

Los ojos de mosca, desprendidas sus facetas, actuaban como aglutinante de una sola córnea sin iris ni pupila definidos. El ojo sin cuartel de la mosca ha obedecido al ojo de Newton sin hacer preguntas y se ha convertido en el perfecto aliado de su voluntad.

Mientras catarata y opacidad crecían, mientras los ojos estrellaban su negro espectro contra la roca lisa e ilimitada del almirez, decían todo el mundo; decían, sí, que ver es sinónimo de muerte.

El sonido dejó de interponerse a la visión, y en puro silencio el almirez dio a luz un ojo.

La pared circular de bronce brilló un instante con una llama blanca. Por un instante, el ojo mantuvo el equilibrio en el centro del almirez; luego, desorbitado, cayó muerto.

¡Qué vería el ojo en ese alumbramiento del que sólo pude ver la blanca crispación de la pupila! ¿De qué forma ese iris, radiado del violeta al amarillo, acusó el veneno blanco vertido en su interior? ¿De qué forma se hizo el blanco? ¿Y dónde la ceguera comenzó a ser recordada?

Rosmarie Waldrop

Translated by Marcos Canteli Vigón

Rosmarie Waldrop (Germany, 1935). Resides in Providence, RI USA. Rosmarie Waldrop's most recent books of poetry are: *The Nick of Time, Gap Gardening: Selected Poems, Driven to Abstraction*, and *Curves to the Apple* (New Directions). Her novel, *The Hanky of Pippin's Daughter* has been republished by Dorothy a Publishing Project. Her collected essays *Dissonance (if you are interested)* and *K. & R. Waldrop Keeping the Window Open* are available from U of Alabama Press and Wave Books respectively. She has translated from French 14 volumes of the works of Edmond Jabès, as well as books of poetry by Emmanuel Hocquard, Jacques Roubaud, and from German Friederike Mayröcker, Elke Erb, Ulf Stolterfoht, Peter Waterhouse. Edited by Burning Deck Press.

Rosmarie Waldrop (Alemania, 1935). Reside en Providence, RI Estados Unidos. Los libros de poesía más recientes de Rosmarie Waldrop son: *The Nick of Time*, *Gap Gardening: Selected Poems*, *Driven to Abstraction*, and *Curves to the Apple* (New Directions). Su novela, *The Hanky of Pippin's Daughter* ha sido reeditada por by Dorothy a Publishing Project. Sus ensayos recopilados *Dissonance (if you are interested)* y *K. & R. Waldrop Keeping the Window Open* están disponibles en U of Alabama Press y Wave Books respectivamente. Ha traducido del francés 14 volúmenes de la obra de Edmond Jabès, así como libros de poesía de Emmanuel Hocquard, Jacques Roubaud, y del alemán Friederike Mayröcker, Elke Erb, Ulf Stolterfoht, Peter Waterhouse. Editó Burning Deck Press.

Initial Conditions

If thought is, from the beginning, divorced from itself, a picnic may fade before the first bottle is pulled from the basket. If you ask: Do I know what I am holding? I will offer it to you.

If a father touches the neck of his son's girlfriend, he'll fall into a Freudian sleep. If he intends to, has his palm already felt her gasp?

If you think: A young girl's a vacuum, you mean to rush and fill it. If you ask: Why? one whole chapter of life may close.

Perhaps we can't ask these questions. The traffic moves too fast. We can only throw up our arms. As in a wind tunnel?

The question: Why? is most nostalgic. In twenty years of marriage one might be in love with one another. Or with another?

Can we utter sounds and mean: young girl's neck? With one foot slightly in front of the other? Say: Come have a sandwich, and mean: best to slow down?

Could we say that listening to familiar words is quite different from a girl seen both full-face and from the side at once? Like Cleopatra? If we agree that "Have a sandwich" means: "best to slow down," can we separate marriage to her brother at eleven from being carried in to Caesar in a carpet?

Either we don't move or much follows. The history of the universe predicated on ten seconds of initial turbulence?

If you ask: Where did it all begin? do I answer with a cry of distress, the tip of a triangle, a plan to picnic, a sudden toothache?

If in doubt I will offer it to you.

Condiciones iniciales

Si el pensamiento, desde el principio, está divorciado de sí mismo, un picnic puede desvanecerse antes de sacar la primera botella de la cesta. Si preguntas: ¿sé lo que tengo entre las manos? Te lo ofreceré.

Si un padre acaricia el cuello de la novia de su hijo, entrará en un sueño freudiano. Si lo intenta, ¿ha sentido en su palma ya el asombro de ella?

Si piensas: una chica es un vacío, tienes que correr a llenarlo. Si preguntas: ¿por qué? un capítulo entero de mi vida se cierra.

Tal vez no podamos hacer estas preguntas. El tráfico se mueve demasiado rápido. ¿Cómo en un túnel de viento?
La pregunta: ¿por qué? es la más nostálgica. En veinte años de matrimonio una puede estar enamorada del otro. ¿O de otro?

Podemos pronunciar palabras y querer decir: ¿el cuello de una chica? ¿Un pie ligeramente delante del otro? Decir: ven y come un bocadillo, y decir: ¿mejor ir más despacio?

¿Podríamos decir que escuchar palabras familiares es bastante distinto de una chica vista en primer plano y de lado al mismo tiempo? ¿Como Cleopatra? Si estamos de acuerdo en que "comer un bocadillo" quiere decir: "mejor ir más despacio", ¿podríamos separar el matrimonio con su hermano a los once de ser entregada a César en una alfombra?

O no nos movemos o mucho se deduce. ¿La historia del universo predicada en diez segundos de turbulencia inicial?

Si preguntas: ¿dónde empezó todo? ¿contesto con un grito de angustia, la punta de un triángulo, el plan para un picnic, un súbito dolor de dientes?

Si por las dudas te lo ofreceré.

[from *Love, Like Pronouns*, Richmond, CA: Omnidawn, 2003]

OCTOBER 29, 2022

29 DE OCTUBRE, 2022

Víctor Rodríguez Núñez

Translated Katherine M. Hedeen

Víctor Rodríguez Núñez (Havana, Cuba, 1955) is one of Cuba's most outstanding and celebrated contemporary writers, with over seventy collections of his poetry published throughout the world. He has been the recipient of major awards in the Spanish-speaking region, including, in 2015, the coveted Loewe Prize. His selected poems have been translated into Arabic, Chinese, English, French, German, Hebrew, Italian, Macedonian, Portuguese, Serbian, Swedish, and Vietnamese. He has been a riveting presence at the most important international literary festivals, having read in more than forty countries. In the last decade, his work has developed an enthusiastic readership in the US and the UK, where he has published seven book-length Translateds. He divides his time between Gambier, Ohio, where he is currently Professor of Spanish at Kenyon College, and Havana, Cuba. For more information: www.victorrodrigueznunez.com

Víctor Rodríguez Núñez (La Habana, Cuba, 1955) es uno de los escritores cubanos contemporáneos más destacados y célebres, con más de setenta poemarios publicados en todo el mundo. Ha recibido importantes premios en la región de habla hispana, incluido, en 2015, el codiciado Premio Loewe. Sus poemas seleccionados han sido traducidos al alemán, árabe, chino, francés, hebreo, inglés, italiano, macedonio, portugués, serbio, sueco y vietnamita. Ha sido una presencia fascinante en los festivales literarios internacionales más importantes, habiendo leído en más de cuarenta países. En la última década, su obra ha despertado gran interés en Estados Unidos y el Reino Unido, donde se han publicado siete traducciones de sus libros. Divide su tiempo entre Gambier (Ohio), donde actualmente es profesor de español en el Kenyon College, y La Habana (Cuba). Para más información: www.victorrodrigueznunez.com

from *the muskrat's notebook*

1

the sun rises through a coat collar
the moon returns down the chimney
the rain does the rest
with its dense unitive solution
the pineapple and the phenomenon
the essence and the cypress correspond
before your nakedness light concealed
the shadow shows up as skin
on the celestial corner dogs
corralled that nothing can tear apart

moons everywhere
hungry to not miss a thing
nothing more than dry straw
mountain aura
over the coals a goat swept along by the brook
suns pawned by wine
by gin murky
the arpeggio and the image head for the dance floor
in shreds the memory
of one who wasn't there but remembers

4

between two hummingbirds
                                        oscillating in the breeze
beneath the tame sunflower light
nightburned

in the intense split
of the pitcher we left outside
shyness perfumes
                    with basil cunning
the horizon will fail
but the light undresses in the maples

a hummingbird is allayed
                    on the steel curve
behind its stirring the sun sets
restores the line
the stroke kandinsky couldn't complete
the other hummingbird at last vanishes
with its clear tremble
a cross in charcoal unsound sanity
an atonal foreshortening
                    being flaps its wings

6

the shadow paving the way for the goose
coded by hunger
leading it toward the vertex
a water without parapet
                    discarded shamrocks
the light turning its back on the goose
in the dawn inside out
and at last soothed
with a quartz egg
                    glance in whirlwind

from the not staying
                    sunflowers grew
and they won't be allayed in the penumbra
the old rocking chair honks likes the geese

the neighbor tries to oust
the cicada plucks unconsolably
in the decrested rigging
inspiration spins with the twilight
and doesn't rise
                    out fear of the wings

del Cuaderno de la rata almiclera

1

por un cuello de abrigo sale el sol
la luna vuelve por la chimenea
hace el resto la lluvia
con su densa solución unitiva
la piña y el fenómeno
la esencia y el ciprés se corresponden
ante tu desnudez la luz se oculta
la sombra se revela como piel
en la esquina celeste acorralados
perros que nada puede desunir

lunas por todas partes
con deseos de no perderse nada
no hay más que paja seca
aura de serranía
en la brasa el cabrito que arrastraba el arroyo
soles desempañados por el vino
por la ginebra turbios
el arpegio y la imagen se sacan a bailar
la memoria en jirones
del que no estuvo allí pero se acuerda

4

entre dos colibríes
oscilando en la brisa
bajo la mansa luz del girasol
quemado por la noche

en la intensa ranura
de la jarra que se nos quedó afuera
perfuma la esquivez
con astucia de albahaca
fallará el horizonte
mas la luz se desnuda entre los arces

un colibrí se aquieta
en la curva acerada
detrás de su revuelo el sol se pone
restablece la línea
el trazo que kandisky no pudo concluir
el otro colibrí por fin se esfuma
con su claro vibrar
una cruz al carbón insano juicio
un escorzo atonal
el ser bate las alas

6

esa sombra que abre camino al ganso
cifrado por el hambre
llevándolo hasta el vértice
un agua sin brocal
tréboles descartados
esa luz que le da al ganso la espalda
en el alba al revés
y al cabo lo sosiega
con un huevo de cuarzo
mirada en remolino

de ese no estar
crecieron girasoles
y no se aquietarán en la penumbra
grazna el viejo sillón como los gansos

que el vecino intenta desanidar
la cigarra se toca sin consuelo
entre la descrestada arboladura
la inspiración gira con el crepúsculo
y no asciende
por miedo de las alas

Edda Armas

Translated by Rowena Hill

Edda Armas (Caracas, Venezuela, 1955). She is a poet with more than 17 titles published between 1975 and 2022, the most recent: *Talismanes para la fuga* (Vaso roto, Madrid, 2022), *Fruta hendida* (Kalathos Madrid, 2019). In 2019, Editorial Pre-Textos published its anthology *Nubes. Poesía hispanoamericana* (291 authors, 17 countries). Major awards and recognitions include the Caracas Mayor's Municipal Poetry Award for *Sable*, in 1995, the XIV International Poetry Biennial J.A. Ramos Sucre in 2002 for *En bicicleta* and the Orden Alejo Zuloaga, granted by the Universidad de Carabobo for her literary work and contribution to the country as a cultural manager. Furthermore, her work has been published in anthologies in Spain, Italy, France, Colombia, Peru and Ecuador. Through the years, she has participated in poetic festivals in Europe and America. She presided the Venezuelan P.E.N (2015-2019). Since 2005, she has been conducting poetry writing workshops. Currently, she directs the Dcir Editions, a Venezuelan poetry collection and lives in Caracas. @EddaArmas

Edda Armas (Caracas, Venezuela,1955). Poeta con más de 17 títulos publicados entre 1975 y 2022, los más recientes: *Talismanes para la fuga* (Vaso roto, Madrid, 2022), *Fruta hendida* (Kalathos Madrid, 2019). En 2019, Editorial Pre-Textos editó en España su antología *Nubes. Poesía hispanoamericana* (291 autores, 17 países). Recibió el Premio Municipal de Poesía Alcaldía de Caracas 1995 por *Sable*, Premio XIV Bienal Internacional de Poesía J.A. Ramos Sucre 2002 por *En bicicleta* y la Orden Alejo Zuloaga Universidad de Carabobo por su obra literaria y aporte al país como gestora cultural. Figura en antologías de España, Italia, Francia, Colombia, Perú y Ecuador y ha participado en festivales poéticos en Europa y América. Presidió el P.E.N venezolano (2015-2019). Facilita talleres de creación poética desde 2005. Dirige la Colección de poesía venezolana Dcir ediciones. Reside en Caracas. @EddaArmas

Ancient Circle

Can a city
where you have slept
just one night
become your shadow
follow you everywhere
lie with you again
between sheets
of white thread
if it has the same color
of eyes as you
the same thirst
the unsatisfied question
and love requited
so that in its labyrinth
you will make a nest
going along its short streets
on a bicycle some time
following a route
of famous names
at your own pace, defiant
when you pass by
toward the tavern
this city being the residence
of the last love, you think,
in your own language.

Círculo antiguo

Puede una ciudad
donde una sola noche
has dormido
convertirse en tu sombra
seguirte a todas partes
acostarse contigo de nuevo
entre sábanas
de hilo blanco
si lleva el mismo color
de ojos que tú
tu misma sed
la insatisfecha pregunta
y el amor correspondido
para que en su laberinto
hagas un nido
paseando por sus calles cortas
en bicicleta alguna vez
siguiendo una ruta
de nombres célebres
a ritmo propio, desafiante
cuando vas de paso
hasta la taberna
al ser esa ciudad habitación
del que crees último amor
en tu propia lengua.

On The River Bank

Sap wells, bush where we got tangled
childhood's yard still flowers
I'm watching it in the mirror of the river
where the blind caiman still sleeps

remember him
swipe and harpoon
mutilated leg
stripped

the unpunished white orbit of his staring eye

no prints
or after them

the pacemaker
that bypass
to make a way
among memories.

The house.

A la ribera del río

Brota la savia, arbusto de enredarnos
aún florece el patio de la infancia
mirándolo estoy en el espejo del río
donde aún duerme el caimán ciego

recuérdalo,
zarpazo y arpón
pierna mutilada
despojo

la impune órbita blanca de su ojo clavado

sin huellas
o tras ellas
el marcapasos
ese *bypass*
para abrirse paso
entre memorias

La casa.

Leonard Schwartz

Translated by Marta López Luaces and Mercedes Roffé

Leonard Schwartz (New York, USA, 1963) earned his BA in creative writing and literature from Bard College and his MA in philosophy from Columbia University. He is the author of numerous books of poetry, including *Heavy Sublimation* (Talisman House, 2018); *Salamander: A Bestiary* (Chax Press, 2017), with painter Simon Carr; *If* (Talisman House, 2012); *The Library of Seven Readings* (Ugly Duckling Presse, 2008); and *Gnostic Blessing* (Goats & Compasses, 1992). Poet Forrest Gander wrote, "Leonard Schwartz's poems introduce philosophical meditation to emotional sensibility in a way that has become unusual in contemporary poetry. In his work, one feels the risk, even the vertigo, of the mind orienting itself to otherness, to world, and to language." Schwartz is also the author of the multi-genre books of poetics *The New Babel: Toward a Poetics of the Mid-East Crises* (University of Arkansas Press, 2016), *Language as Responsibility* (Tinfish Editions, 2006), and *A Flicker at the Edge of Things: Essays Towards a Poetics* (Spuyten Duyvil, 1998). He edited and cotranslated Benjamin Fondane's *Cine-Poems and Others* (NYRB Poets, 2016), and hosts the radio program Cross Cultural Poetics, archived online at the University of Pennsylvania's PennSound. Schwartz teaches at Evergreen State College in Olympia, Washington, and divides his time between there and New York City.

Leonard Schwartz (Nueva York, EE.UU., 1963) es licenciado en escritura creativa y literatura por el Bard College y máster en filosofía por la Universidad de Columbia. Es autor de numerosos libros de poesía, entre ellos *Heavy Sublimation* (Talisman House, 2018);

Salamander: A Bestiary (Chax Press, 2017), con el pintor Simon Carr; *If* (Talisman House, 2012); *The Library of Seven Readings* (Ugly Duckling Presse, 2008); y *Gnostic Blessing* (Goats & Compasses, 1992). El poeta Forrest Gander escribió: "Los poemas de Leonard Schwartz introducen la meditación filosófica en la sensibilidad emocional de un modo poco habitual en la poesía contemporánea. En su obra, uno siente el riesgo, incluso el vértigo, de la mente orientándose hacia la otredad, el mundo y el lenguaje". Schwartz es también autor de los libros de poética multigénero *The New Babel: Toward a Poetics of the Mid-East Crises* (University of Arkansas Press, 2016), *Language as Responsibility* (Tinfish Editions, 2006) y *A Flicker at the Edge of Things: Essays Towards a Poetics* (Spuyten Duyvil, 1998). Ha editado y cotraducido *Cine-Poems and Others*, de Benjamin Fondane (NYRB Poets, 2016), y presenta el programa de radio Cross Cultural Poetics, archivado en línea en PennSound, de la Universidad de Pensilvania. Schwartz imparte clases en el Evergreen State College de Olympia, Washington, y divide su tiempo entre allí y Nueva York.

Alejandría

Hundida en el lodo, la vida cantaba sus violentos contrastes.
Magnífica, su canción se alzaba ante lo amorfo.
Todos los participantes tenían que mitigar su propia sustancia
Sacudirse el barro. Hundida en el lodo
la vida le hablaba al cielo cristalino de una coherencia interior,
de un mundo en el cual ni la tierra ni el agua se habían
materializado
ni habían hecho de sus fracasos dioses que era incapaz de
encontrar.
De día, el campo, y el fuego solar que desplaza a la noche.
De noche, el campo, y la visión mineral del cielo.
Pero siempre lo vivo cantando hacia lo amorfo
hasta que todos los participantes, cualquiera fuese su forma,
    suprimían lo que eran,
para pasar a ser no más que poros incandescentes
que, desde otro planeta, se podrían haber tomado
    por esquirlas del paraíso.

Bendición gnóstica, IV

I

La carne es donde la segunda vida negocia su puesto,
 insensible pero sensible,
mientras promulga el júbilo su poder, suave prólogo a la guadaña.
Tanto de lo que se siente se pierde en el camino,
se ahonda al recobrarlo, vuelve a perderse,
Lo propio de lo poroso es perder su misma entraña,
 rezumarse.

Una humedad, un peso que se mueve en la ventana
vuelve a unir la ventana ante mis ojos.
Desgarrado de la completud —¿de dó la música?—
Pseudopodios de una ameba sinónima.
Vivo en el silencio de un cuerpo
 cuyas exactas proporciones el oído genera oyendo.
Hay aquí una apertura a la segunda vida,
una clave que une las grietas de un mundo
 que ya no es obstáculo.
Un espacio entre dos momentos del día
 que proyecta
un chorro de agua, procreando
los antípodas que la carne debe quebrar,
 pero no quiebra.
Como si entrar en este túnel de cosas interconectadas
 permitiera oír una comunidad de deseos
de cuya misma violencia
 esta lengua es la franca notación.
El cerebro, una cosa, no es una cosa.
 No ántropos sino

el desgarrado ántropos que sobrevuela los alcances del habla,
 singular como una perforación.
El estrecho espacio entre mi casa y la próxima
una grieta en la arquitectura humana, una salida.
"¡Oye, Oh ____!":
el cuerpo es su bramar pre-objetivo,
 todo un sistema nervioso tensándose para escuchar.
Tensado cielo nocturno: la pupila del ojo animado:
 una carta que desciende bajo la forma de un pájaro.
Envoltura tras envoltura, en la palabra latente.
Todo va a parar a ese centrifugador de sensaciones
 que ahora la mente siente que es.

Todo se hallará a sí mismo en la pérdida.

II

La necrópolis delineada en el cuerpo,
restos de los ancestros que la memoria
 no puede revocar ni invocar.

Mundo en vela de la piel. Fresca roca de la noche.
Una eternidad desencadenada por la sospechosa, insospechada
 caída de un instante
cayendo por lo impermeable
hacia abajo (recuerdo)
hacia abajo (caída).

Y luego, un punto del día henchido de oscuridad,
un cardenal en la memoria exudando
 caballerescos improperios.
No hay más que lo contingente aquí.
Pero nada de lo que se oye permanece contingente por mucho tiempo.
En el interior de la lengua de la filosofía

reside la lengua de la arqueología.
Arqueologías de lo posible
expandiéndose en la música
de un nuevo júbilo.
Mnemosina entre sus murmureos.
Una eternidad de reflexiones que alguien
debe de haber estampado aquí, perdidas.
Abre la puerta. Abre la puerta
de la cripta. Verás quién eres
sin tu cuerpo.

III

Una apertura a la segunda vida aquí
donde el sol debe ser percibido
como una enorme ampliación.
La luz del día inunda la ciudad, la luz salta los peldaños, la luz
penetra por las callejuelas, las ventanas.
Pero es la luz oscura, la luz del contra-sol,
y aquí nada es visible.
"Contra-sol":
sin embargo no hay ninguna contra-percepción:
Aquí primero habría que volver a imaginarlo todo, hacerlo retroceder
desde el trazado matriz de la ciudad
hasta la deslumbrante luz del contra-sol
de la fantasía a la lucidez
hacerlo retroceder hasta la deslumbrante vida del contra-sol
Un estado que precede su propia encarnación
Un hogar original previo a cualquier ropaje
esta luminosa emulsión de nébula prenatal
esta figura permeable de lo real-imaginario
Luz que se percibe oscura pero que en realidad es luz
el cuerpo como suelo floreciente; lo humano, un humus
para pensar y ver — sin ojos.
Cuando esa Sensación que deber ser   es,

la materia deja de hacer todo excepto respirar
y la segunda vida pasa a ser la primera.

La vista es una cosa; la luz, otra.
La luz no precisa de la vista
ya que nada de lo que habita en el seno de la luz
puede ser captado por la luz misma.

El mundo exige explicaciones pero es inexplicable.

IV

Es a nuestro ir muriendo a lo que debemos asistir,
tensemos el arco en sueños mientras podamos
la cúspide del júbilo,
una aguja en el brazo basta
para recordarnos que nuestra forma
nunca fue más que carne.
Mi cuerpo es la energía de una forma,
un túnel de cosas interconectadas
que ruega continuar, sin detenerse.
Cada uno de sus poros podría incluso pensarse
el receptáculo de un clavo,
y las orejas, dos alfileteros.

Aquí, ahora, el poema no inspira
transformación alguna
Al comienzo de nuevas destrucciones
el silencio insondable
lo que no puede ser: es.
Una fosa, y el cuadro de una fosa,
y por ahí, el cuerpo.
Aquí el mundo primero
se devora al segundo.

El conocimiento de la mortalidad
revela más
que un mero juego de luces.
Sólo por la radiografía violenta de nuestros anhelos
pueden entusiasmo y temor
hacer trizas la mano
que nos atormenta.

Ana Merino

Translated by Marta López Luaces and Rolando Pérez

Ana Merino (Madrid, Spain, 1971) is a renowned writer and poet. She is a Professor of Creative Writing and Cultural Studies at the University of Iowa where she founded and directed the Creative Writing in Spanish in 2011. She won the Nadal Award for the novel *El mapa de los afectos* (Destino, 2020). She recently published the novel *Amigo* (Destino, 2022). She published eight poetry books: *Preparativos para un viaje* (Rialp 1995, Premio Adonais, 2edic. Reino de Cordelia), *Los días gemelos* (Visor 1997*), La voz de los relojes* (Visor 2000),*Juegos de niños* (Visor 2003, Premio Fray Luis de León), *Compañera de celda* (Visor 2006), *Curación* (Visor 2010), *Los Buenos propósitos* (Visor 2015) and *Salvamento de hormigas* (Visor 2022). She is the author of two scholarly books: *El cómic hispánico* (Cátedra 2003) and *Diez ensayos para pensar el comic.*

Ana Merino (Madrid, España, 1971) es una reconocida escritora y poeta. Es profesora de Escritura Creativa y Estudios Culturales en la Universidad de Iowa, donde fundó y dirigió la Cátedra de Escritura Creativa en Español en 2011. Ganó el Premio Nadal por la novela *El mapa de los afectos* (Destino, 2020). Acaba de publicar la novela *Amigo* (Destino, 2022). Ha publicado ocho libros de poesía: *Preparativos para un viaje* (Rialp 1995, Premio Adonais, 2edic. Reino de Cordelia), *Los días gemelos* (Visor 1997), *La voz de los relojes* (Visor 2000),*Juegos de niños* (Visor 2003, Premio Fray Luis de León), *Compañera de celda* (Visor 2006), *Curación* (Visor 2010), *Los Buenos propósitos* (Visor 2015) y *Salvamento de hormigas* (Visor 2022). Es autora de dos libros académicos: *El cómic hispánico* (Cátedra 2003) y *Diez ensayos para pensar el cómic.*

Maybe We Will Be Lucky

Let's make a good deal
that condenses the things to come between our fingers,
that makes colorful fictions appear in your hands
like some board game´s token
with those drawings
of dizzy geese and flowing bridges.
We will roll the dice
trusting in the luck
of a strange adventure
that makes us believe we are far away,
walking a path of wild trails,
jumping the squares of hell
and erasing the footprints
of our bare feet
sinking into the wet sand of the board
like a long beach on desire´s shores.
Let's close this deal,
let's draw the shadows
of those who deserve to repeat the attempt
and wait for two moves,
because on this journey the voice of my words
drowns without wanting to in a well.
Let's seal our deal
that so much resembles
an ancient promise
made by our parents
when the clouds expressed themselves as animal shapes
on the horizon
and time was the extract of the hours
dressed with the echo of summer.

Maybe we'll get lucky
and in some game
that remains to be played
We should change dice's fate
so that I can write to you
that our childhood won
and in it survives the love left
like the unbroken breath of snow
on the highest peaks.

Tal vez tengamos suerte

Hagamos un buen trato
que condense las cosas por vivir entre los dedos,
que en tu mano aparezcan ficciones de colores
como fichas redondas de algún juego de mesa
con aquellos dibujos
de ocas mareadas y puentes caudalosos.

Tiraremos los dados
confiando en la suerte
de una extraña aventura
que nos haga creer que estamos lejos,
recorriendo un camino de veredas agrestes,
saltando las casillas del infierno
y borrando las huellas
de nuestros pies descalzos
hundiéndose en la arena mojada del tablero
como una larga playa a orillas del deseo.

Cerremos este trato,
dibujemos las sombras
de los que se merecen repetir el intento
y esperan dos jugadas,
porque en este viaje se ahoga sin querer
la voz de mis palabras en un pozo.

Sellemos nuestro trato
que tanto se parece
a una antigua promesa
que hicieron nuestros padres
cuando en el horizonte las nubes se expresaban
con formas de animales

y el tiempo era el extracto de las horas
vestido con el eco del verano.

Tal vez tengamos suerte
y en alguna partida
que quede por echar
cambiemos el destino de los dados
y así pueda escribirte
que ganó nuestra infancia
y en ella sobrevive el amor que nos queda
como el aliento intacto de la nieve
en los picos más altos.

FEBRUARY 25, 2023

25 DE FEBRERO DE 2023

Janet Kaplan

Translated by Marta López Luaces

Janet Kaplan (New York, USA, 1958). Her poetry books are *Ecotones* (shortlisted for the Sexton Prize and published in 2022 by The Black Spring Press Group, London, Ltd.), *Dreamlife of a Philanthropist* (winner of the 2011 Ernest Sandeen Prize in Poetry from University of Notre Dame Press), *The Glazier's Country* (winner of the 2003 Poets Out Loud Prize from Fordham University Press), and *The Groundnote* (Alice James Books, 1998). Her honors include grants from the New York Foundation for the Arts and the Bronx Council on the Arts, fellowships, and residencies from Yaddo, the Virginia Center for the Creative Arts, the Ucross Foundation, and the Vermont Studio Center. Her work has appeared in numerous literary journals and in the anthologies *An Introduction to the Prose Poem* (Firewheel Editions, 2007), *Lit from Inside: 40 Years of Poetry from Alice James* (Alice James Books, 2012), and *Like Light: 25 Years of Poetry & Prose by Bright Hill Poets & Writers* (Bright Hill Press, 2017). She has served as Poet-in-Residence at Fordham University and on the creative writing faculty at Hofstra University, where she edited *AMP*, Hofstra's digital-literature magazine. She's currently serving as Editor and Co-Publisher of PB&J Books, Inc., a cooperative literary press.

Janet Kaplan (Nueva York, EE.UU., 1971). Entre sus libros de poesía figuran *Ecotones* (preseleccionado para el Premio Sexton y publicado en 2022 por The Black Spring Press Group, Londres, Ltd.), *Dreamlife of a Philanthropist* (ganador del Premio de Poesía Ernest Sandeen 2011 de la University of Notre Dame Press), *The Glazier's Country* (ganador del Premio Poets Out Loud 2003 de Fordham

University Press) y *The Groundnote* (Alice James Books, 1998). Ha recibido becas de la New York Foundation for the Arts y del Bronx Council on the Arts, así como de Yaddo, el Virginia Center for the Creative Arts, la Ucross Foundation y el Vermont Studio Center. Su obra ha aparecido en numerosas revistas literarias y en las antologías *An Introduction to the Prose Poem* (Firewheel Editions, 2007), *Lit from Inside: 40 Years of Poetry from Alice James* (Alice James Books, 2012) y *Like Light: 25 Years of Poetry & Prose by Bright Hill Poets & Writers* (Bright Hill Press, 2017). Ha sido poeta residente en la Universidad de Fordham y profesora de escritura creativa en la Universidad de Hofstra, donde editó AMP, la revista digital de literatura de Hofstra. Actualmente es editora y coeditora de PB&J Books, Inc, una editorial literaria cooperativa.

Small Chronicle

1.
When you're not, you can say you're small, say it next to something or someone smaller. Sit here, next to me. I'm sitting next to someone small.

2.
I don't know how you can bear to be alone with us.

3.
But you might not feel as small as you say you do, which means I'm alone again in my smallness.

4.
I'm a small person. I'm told all the time: You're not a small person. That you're here doesn't mean I'm not small. (Proof: no one knows you're here.)

5.
There were people smaller than I was, but they were happy. I wasn't.
Not because smallness bothered me; only my smallness bothered
me. It's what you mention first.

6.
'You're important to *me*' you say.

7.
You want to be important to everyone but someone still dies,
drooling and dribbling, no one to pluck long hairs from her chin.

8.
It's good no one has to see this except nurses and orderlies, for
whom it isn't anything. But now it's possible *you'll* see, which
doesn't do much good.

'How is she?'
'Not so good.'

(Not-So-Good Chronicle)

9.
She continues to think of herself this way, without being specific.
Specifics let you think you see something.

10.
I was always told to speak up, speak clearly.

'Don't swallow your sentences.'

11.
Asked to clarify.

'For example?'

12.
'We want to like it.'

13.
It can't be liked, but it persists.

14.
That's seeing it clearly.

Pequeña crónica

1.
Cuando no lo eres, puedes decir que eres pequeño, dilo al lado de algo o alguien más pequeño. Siéntate aquí, a mi lado. Me siento al lado de alguien pequeño.

2.
No sé cómo puedes soportar estar a solas con nosotros.

3.
Pero es posible que no te sientas tan pequeño como dices, lo que significa que estoy sola otra vez en mi pequeñez.

4.
Soy una persona pequeña. Me lo dicen todo el tiempo: no eres una persona pequeña. Que estés aquí no significa que no seas pequeña. (La prueba: nadie sabe que estás aquí).

5.
Había gente más pequeña que yo, pero eran felices. Yo no. No porque me molestara ser pequeña; sólo me molestaba mi pequeñez. Es lo primero que se menciona.

6.
'Eres importante para *mí*' dices.

7.
Quieres ser importante para todos, pero de todos modos alguien muere, babeando y babeando, sin nadie que le arranque los largos pelos de la barbilla.

8.

Es bueno que nadie tenga que ver esto excepto enfermeras y camilleros, que ya están acostumbrados. Pero ahora es posible que lo veas, aunque no sirva de mucho.

'¿Como está ella?'
'No muy bien.'

(Una crónica no muy buena)

9.
Ella se sigue pensando de esta manera, sin d"etalles. Los detalles te permiten pensar que ves algo.

10.
Siempre me dijeron que hablara, que hablara claro.
'No te tragues las palabras.'

11.
Pidió aclarar.
'¿Por ejemplo?'

12.
'Queremos que nos guste'.

13.
No puede gustar, pero persiste.

14.
Eso es verlo claro.

Writing Chronicle

It hurts. You think, it hurts. You read, it hurts. You write, no hurting, then resume. Hurt isn't writing. Hurt doesn't do pleasure.

I'm tired of being moved by writing. Ads for being moved. It's no one's fault, the writers are just doing a job. I read, I'm all for it, I'm moved, I want it. I'm a gullible mess. Give it here.

No movement of its own, no authenticity. A forgery. Like being stillborn but sucking the breast anyway.

Go back far enough, you'll find someone writing: God isn't writing this—I am!

I'm fabricating this story!

Crónica de escritura

Duele. Piensas, duele. Lees, duele. Escribes, no duele, entonces reanudas. El dolor no es escribir. El dolor no produce placer.

Estoy cansada de que me emocione escribir. Anuncios que emocionan. No es culpa de nadie, los escritores solo están haciendo su trabajo. Leo, estoy a favor, estoy emocionada, lo quiero. Soy desastrosamente crédula. Dale aquí.

Sin movimiento propio, sin autenticidad. Una falsificación. Como nacer muerto y succionar el pecho de todos modos.
Retrocede lo suficiente y encontrarás a alguien escribiendo: ¡Dios no está escribiendo esto, yo estoy!

¡Estoy fabricando esta historia!

Juan Carlos Mestre

Translated by Marta López Luaces and Rolando Pérez

Juan Carlos Mestre (Villafranca del Bierzo, León, Spain, 1957), poet and graphic artist, he is the author of several books of poetry and essays, such as *Antífona del Otoño en el Valle del Bierzo* (Adonis Award, 1985) *La poesía ha caído en desgracia* (Jaime Gil de Biedma Award, 1992) o *La tumba de Keats* (Jaén de Poesía Award, 1999). His poetic work has been collected in various anthologies such as *Historia Natural de la Felicidad* (Fondo de Cultura Económica, 2014) o *La hora izquierda* (Ya lo dijo Casimiro Parker, 2019). His book *La casa roja* won the 2009 National Poetry Award, and with the collection of poems *La bicicleta del panadero* the 2012 Critics Award. In 2018 he published *Museo de la clase obrera*, followed in 2019 by *200 gramos de patacas tristes*, his first written book in Galician language. In 2017, he was awarded the Castilla y León Letters Award in recognition of his work, the "Annual Cheng Ziáng Prize of the China Writers Association", and the "Homero" European Medal for Poetry and Art.

Juan Carlos Mestre (Villafranca del Bierzo, León, España, 1957), poeta y artista gráfico, es autor de varios libros de poesía y ensayo, como *Antífona del Otoño en el Valle del Bierzo* (Premio Adonáis, 1985) *La poesía ha caído en desgracia* (Premio Jaime Gil de Biedma, 1992) o *La tumba de Keats* (Premio Jaén de Poesía, 1999). Su obra poética ha sido recogida en varias antologías como *Historia Natural de la Felicidad* (Fondo de Cultura Económica, 2014) o *La hora izquierda* (Ya lo dijo Casimiro Parker, 2019). Por su libro *La casa roja* obtuvo el Premio Nacional de Poesía 2009, y con el poemario *La bicicleta del panadero* el Premio de la Crítica 2012. En el 2018 publicó *Museo de la clase obrera,* seguido en el 2019 de *2OO gramos de patacas tristes,* su primer libro escrito es lengua gallega. En el 2017 se le concedió el Premio de las Letras de Castilla y León en reconocimiento al conjunto de su obra, el "Annual Cheng Ziáng Prize of the China Writers Association", y la Medalla Europea "Homero" de Poesía y Arte.

Praise the word

This word has not been pronounced against the gods, this word and the shadow of this word have been pronounced before the void, a multitude that does not exist.

When death is over the root of this word and the leaf of this word will burn in a forest that another fire consumes.

That which was loved as a body, that which was written in the meekness of a single tree, will serve as consolation in a distant landscape.

Like the immobile gaze of the bird before the cross-bow, so the word and the shadow of that word awaits its permanence beyond the revelation of the death.

Only the air, solely what we convey air to air as a testament to what is named, is what will remain of us.

The light, the substance of this word and the noise of the shadow of this word.

Alabemos la palabra

Esta palabra no ha sido pronunciada contra los dioses, esta palabra y la sombra de esta palabra han sido pronunciadas ante el vacío, una multitud que no existe.

Cuando la muerte acabe, la raíz de esta palabra y la hoja de esta palabra arderán en un bosque que otro fuego consume.

Lo que fue amado como cuerpo, lo escrito en la docilidad del árbol único, será consolación en un paisaje lejano.

Como la inmóvil mirada del pájaro ante la ballesta, así la palabra y la sombra de esa palabra aguardan su permanencia más allá de la revelación de la muerte.

Solo el aire, únicamente lo que del aire al aire mismo trasmitimos como testamento de lo nombrado, permanecerá de nosotros.

La luz, la materia de esta palabra y el ruido de la sombra de esta palabra.

The voice, the voices

Voice of the wind. Voice and jubilation of the winds in the darkness. Melancholy´s oracle, the hammer of the railway striking the rails. The voice of foreigners in the passageway, silver voices in the underground like wet drums. The glow of voices at dusk, when circuses light their candles in the vacant lot and the beggars whistle to the old wooden horses that go around in the carousels.

Sheets. Sheets of voices in the writing of my heart. Unknown, godly, blue sheets under the rain and the numbers of death.

Voices under the guise of hatred, voices vacated by the thought of the lonely. Voices on the hooks and voices on the white wires of emptiness. Voices whose chalk traces circles in desolation, seeds from which autumn sprouts, the bonfires that I dream of, the decapitated swans.

Voice and the rhythm of the voice in the construction of the vaults, voice whose invocation is the air. Voices called to clarity, to fog, to the word of a tree. But voices also bearing the form of a wound, under the figure of pigeons in a puddle of blood.

Poetry of voices and narration of voices. The fiction of Hamlet in the theater's foyer of the theater, the fiction of roses, the police sirens. Not in this scene, but not in the horeswomen's wagon under highway intersections. But in fact, in the road service club. Voices heard by the acrobat, voices whose perfection is the sphere and the glass needle.

Voices whose noise is dragged by the wind. Voices ringed by the ornithologist, uttered successively, read successively like letters from a dead person, like living cages hung from ivory, from glass bone in the of hunting halls. Voices, pure voices whose country is my soul.

La voz, las voces

Voz de los vientos. Voz y júbilo de los vientos en la oscuridad. El oráculo de la melancolía, el martillo de los ferroviarios al golpear los rieles. La voz de los extranjeros en el pasadizo, voces de plata en los subterráneos como tambores mojados. Resplandor de las voces al anochecer, cuando los circos encienden sus bujías en los descampados y los vagabundos silban a los viejos caballos de madera que giran en los carruseles.

Sábanas. Sábanas de voces en la escritura de mi corazón. Desconocidas, piadosas, azules sábanas bajo la lluvia y los números de la muerte.

Voces bajo la especie del odio, voces desocupadas por el pensamiento de los solitarios. Voces en los anzuelos y voces en los alambres blancos del vacío. Voces cuya tiza traza círculos en la desolación, semillas de las que brota el otoño, las hogueras que sueño, los cisnes decapitados.

Voz y compás de la voz en la construcción de las bóvedas, voz cuya invocación es el aire. Voces llamadas a claridad, a niebla, a palabra de árbol. Pero voces también bajo la forma de herida, bajo figura de palomas en un charco de sangre.

Poesía de las voces y narración de las voces. La ficción de Hamlet en el foyer del teatro, la ficción de las rosas, las sirenas de la policía. En esta escena no, pero sí en el carromato de las amazonas bajo el cruce de las autopistas. Pero sí en el club de la carretera. Voces oídas por el acróbata, voces cuya perfección es la esfera y la aguja de vidrio.

Voces cuyo ruido es arrastrado por el viento. Voces anilladas por el ornitólogo, pronunciadas sucesivamente, leídas sucesivamente como cartas de un muerto, como jaulas vivas colgadas del marfil, del hueso de cristal en los salones de caza. Voces, voces puras cuyo país es mi alma.

Óscar Curieses

Translated by Rolando Pérez

Óscar Curieses (Mardid, 1972) Es autor de los libros de poesía *Sonetos del útero* (2007), *Dentro* (2010) y *Hay una jaula en cada pájaro* (2013), *Constitución Española* (2021) y *Libro de los Icebergs* (2022). Como narrador ha publicado *Hombre en azul* (2014), *Man in Blue* (2025-2026) de próxima publicación en la editorial estadounidense Quantum Prose, y *Tengo la impresión de que el cielo se prepara para la lluvia* (Espasa, 2024). También es autor del ensayo *En el cine de Auster* (2021). Su obra se ha traducido al inglés y al francés, y ha ido apareciendo en antologías de Estados Unidos, Inglaterra, Bélgica, Latinoamérica y España.

Óscar Curieses (Madrid, 1972) He is the author of the poetry books *Sonetos del útero* (2007), *Dentro* (2010), *Hay una jaula en cada pájaro* (2013), *Constitución Española* (2021) and *Libro de los Icebergs* (2022). As a story-writter he has published *Hombre en azul* (2014), *Man in Blue* (2025-2026) that will be published by Quantum Prose in the United States, and *Tengo la impresión de que el cielo se prepara para la lluvia* (Espasa, 2024). He is also the author of the essay *In Auster's Cinema* (2021). His work has been translated into English and French, and has appeared in anthologies in the United States, England, Belgium, Latin America and Spain.

That's The Voice I Heard: "Ponies That Shake Beneath The Trees In The Autumnal Mountains"

A train went by in my dreams one night
and woke me up. And the first thing I
thought, heart racing there in the dark
bedroom, was this.
Raymond Carver

Anticipating any origin, everything was a sweet railway, cake figs in a yeast hand that sewed rails through restless days.

No machine was there, nor had it even been imagined, thought up, or dreamt, only a road of wheat eyes traversing flour bones

Then everyone knew that Whitman would illuminate Darío and that he would illuminate me, and I Curieses and so on and so forth for all eternity. And they also knew that neither Walt nor Rubén nor I nor Óscar nor the others meant anything.

On iron horses we planned to travel, and it's true that we advance but we do so like clouds burped by soft chimneys.

Not in the sky do we have permanence, we only hide it briefly, we disappear to corroborate it and rock its permanence, that is all. Derek Walcott also knows this and in that way he

Indicates it to me when he writes: "The barren frangipani branches uncurl their sweet threat out of the blue". He arrives at our loss, at all our loss, he knows how to fail and because of that insists again and again like

Oscar, like Rubén, like Walt, or like I do. But in fact, none of this matters, the substantial thing about the machine isn't the machine or who drives it, nor is it the road. The substantial thing is knowing that it doesn't lead anywhere, in spite of rails and travelers, and rail cars and kilometers. I remember how Juan de Mairena told it to me once during the trip to California and I forgot to write it down and he's here with me now: "I travel on the train / Everything's moving / Nothing's moving".

Moving the air with our lungs in the windows of the road, and the train continues advancing toward its origin, toward itself in a non-space,

Anticipating even its first movement. It's as miraculous as the radio waves that will be sent to me years later by Raymond

Carver: "This rain has stopped, and the moon has come out. I don't understand the first thing about radio waves".

Having conquered the emptiness with toy trains, like children that imitate the syncretism between Christ and Buddha, we have traveled toward ourselves.

Anticipating even birth, overtaking any name, concept, or pure idea, anticipating the first matter to which feeling gave birth.

Deeply, we sleep now in insomnia, knowing that our images are carried through in a train, safe and on a tight rope. A train without origin or destination that moves through emptiness without resting, without resting on anything. And even then, we don't mind making the whole trip again,

Organizing the suitcase for the trip, arriving at the station, boarding, and saying: "Yes, again, for all eternity".

Esa es la voz que escuché: "Ponies que se agitan bajo los árboles en las montañas otoñales".

Un tren pasó en mis sueños una noche y me despertó. Y lo primero que pensé, el corazón acelerado , allí en el dormitorio a oscuras, fue esto.

Raymond Carver

Antes de todo origen, todo era ferrocarril dulce, higos de pan en mano levadura que cosía rieles a través de días sin descanso.

No había máquina, ni siquiera había sido imaginada, pensada o soñada, solo un camino de ojos trigo atravesando huesos de harina.

Todos sabían entonces que Whitman alumbraría a Darío y que este me alumbraría a mí y yo a Curieses y así eternamente. Y sabían también que ni Walt ni Rubén ni yo ni Óscar ni los otros significamos nada.

Organizamos el viaje en férreos caballos y, es verdad, avanzamos pero lo hacemos como nubes eructadas por chimeneas blandas.

No permanecemos en el cielo, solo lo ocultamos brevemente, desaparecemos para corroborarlo y mecer su permanencia, eso es todo. Derek Walcott también lo sabe y así me lo

Indica cuando escribe: "Las desnudas ramas de frangipani desenroscan su dulce amenaza desde la nada". Él llega a nuestra perdida, a toda nuestra perdida, él sabe fracasar y por eso insiste una y otra vez como

Oscar, como Rubén, como Walt o como yo. Pero en realidad, nada de esto importa, lo sustancial de la máquina no es la máquina ni quien la conduce, tampoco es el camino. Lo sustancial es conocer que no lleva a ningún sitio, a pesar de raíles y viajeros y vagones y kilómetros. Recuerdo cómo Juan de Mairena me lo dijo una vez en el trayecto a California y yo olvidé anotarlo y él está ahora aquí conmigo: "Viajo en el tren/ Todo se mueve/ Nada se mueve".

Mecemos el aire con nuestros pulmones en las ventanas del camino y el tren avanza siempre hacia su origen, hacia él mismo en un no espacio,

Antes incluso de su primera marcha. Es tan milagroso como las ondas de radio que me enviará años más tarde Raymond

Carver: "Ha dejado de llover y sale la luna. No sé nada de ondas de radio".

Hemos conquistado el vacío con trenes de juguete, como niños que imitan el sincretismo entre el Cristo y el Buda, hemos viajado hacia nosotros mismos

Antes incluso de haber nacido, rebasando todo nombre, concepto o idea pura, antes de la primera materia a la que dio luz lo afectivo.

Dormimos ahora plácidamente en la vigilia, sabiendo que nuestras imágenes se llevan a cabo en un tren seguro y funámbulo. Un tren sin origen ni destino que transita en el vacío sin apoyarse, sin apoyarse en punto alguno. Y aun así, no nos importa hacer todo el camino de nuevo,

Organizar la maleta para el viaje, llegar a la estación, subir y decir: "Sí, otra vez, eternamente."

Susana Villalba

Translated by Susana Villalba

Susana Ada Villalba (Buenos Aires, Argentina, 1956) is an Argentine poet, playwright and journalist. In 1999 she created the Casa de la Poesía (House of Poetry), in Buenos Aires. There the International Poetry Festival was held for the first time. She has published seven books of poetry and a novel, all of them were also published in other countries. Participated in numerous anthologies. In 2011 she was awarded the Guggenheim Fellowship for Creation and in 2019 got the First National Literature Prize of Argentina. As a playwright she wrote and directed numerous plays. Among them, *La voz de la luz* was awarded the Honorable Mention of the Fondo Nacional de las Artes. She teaches Poetry at the Universidad Nacional de las Artes and at Universidad Nacional de Tres de Febrero. She worked as Artistic Advisor of the Casa de la Lectura and also collaborated as a journalist and theater critic in Clarín's Ñ.

Susana Ada Villalba (Buenos Aires, Argentina, 1956) es una poeta, dramaturga y periodista argentina. En 1999 creó la Casa de la Poesía, en Buenos Aires, donde se celebró por primera vez el Festival Internacional de Poesía. Ha publicado siete libros de poesía y una novela; todos fueron además publicados en otros paìses. En 2011 recibió la Beca Guggenheim para la Creación y en 2019 el Primero Premio Nacional de Literatura de su paìs. Como dramaturga escribió y dirigió numerosas obras; entre ellas, *La voz de la luz* obtuvo la Mención Honorífica del Fondo Nacional de las Artes. Es profesora de Poesìa en la Universidad Nacional de las Artes y en la Universidad Nacional de Tres de Febrero. Trabajó como Asesora Artística de la Casa de la Lectura y colaboró como periodista y crítica teatral en la revista Ñ de Clarín.

The Tree

a trill announces
other trill celebrates
the epiphany of light

it dawns so slowly
as to allow
believe it

an untouched day

the warm breeze
the perfume of blue
the clover

every sparrow
bee
cocoon
is a wet expectation

morning
is the event

the candor
of only being
a breath

the levity
with which the butterfly dances
its instant
under the sun

"what you love
ties you"
—told me the sky

and here I am

a dog smells me
barks
goes round
arround me

yowls, jumps
and wants to bit
my incomprehensible
stillness

loneliness is always
with someone else

at each fork
I give birth to time
to be in the world
of the dog

my memory is the wind

there is rivalry
even in the height

in the stillness

but also love
shaped me
in this twisted form

the storm

and the thirst of infinite
glare

I can´t keep
the dog
the birds
my own flowers

I am the eternal
return
in the vortex of the world

my job is the seed
as well as the withering

I miss the dog
that I am not

God is the distance
to every else

the void
between lover
and love

to live between
the immensity
and the own body
is a furious balance

I nourish with
what falls from me
like God does

El árbol

un trino anuncia
otro celebra
la epifanía de la luz

amanece lentamente
para dar tiempo
a creer:

un día intacto

la brisa tibia
el perfume del color
azul
el trébol

cada gorrión, abeja
cada capullo
es una expectativa
húmeda

es la mañana
el acontecimiento

la candidez
de sólo ser
respiración

la liviandad
con que la mariposa danza

su momento
en el sol

lo que amás
te ata
me dijo el cielo

y aquí estoy

un perro me huele
ladra
da vueltas
a mi alrededor

aúlla, salta
quiere morder
mi inmovilidad
que no comprende

la soledad siempre
es con otro

en cada bifurcación
hago nacer el tiempo
para estar en el mundo
del perro

mi memoria es el viento

hasta en la altura
hay competencia

en lo quieto

pero también el amor
me dio esta forma
retorcida

la tormenta

y la sed de infinito
deslumbramiento

no puedo retener
al perro
a los pájaros
a mis propias flores

en el vórtice del mundo
soy el eterno
retorno

mi tarea es la semilla
y la hojarasca

extraño al perro
que no soy

dios es esa distancia
a todo
lo demás

el vacío
entre el que ama
y el amor

entre la inmensidad
y el propio cuerpo
vivir
es un furioso equilibrio

como dios me alimento
de lo que cae
de mí

MARCH 25, 2023

25 DE MARZO, 2023

Lola Andrés

Translated by Carlos Izquierdo

Lola Andrés (Valencia, Spain, 1961) published the following books of poems: *Moléculas y astros* (Gerardo Diego Award from the Diputación de Soria, 2002); *Jocs de llum*, Ed Bromera, 2006 (Alfons el Magnànim "Ciutat de València" Award for poetry in Valencian, 2006); *Materia* (First runner-up of the City of Las Palmas de Gran Canaria Poetry Award, 2007); *Cielo líquido*, Amargord, 2015; *Travesía*, Ed. Contrabando, 2016 (the third edition with the painter Pere Salinas, 2021); *de Uno*, Contrabando, Ho(yo) de hueso, in Las Hojas de Baobab, edition by Uberto Stabile and Gema Estudillo, 2018. She has translated from Catalan into Spanish poets such as Joan Navarro, Teresa Pascual, Jaume Pérez Montaner, Begonya Pozo or Josep Checa. She has also translated, from German into Catalan, together with Anacleto Ferrer, the poetry of Hannah Arendt, Edicions del Buc, 2018 and *Màtria*, by Rose Ausländer, Vincle, 2023.

Lola Andrés (Valencia, Spain, 1961), licenciada en filología. Tiene publicados los siguientes libros de poemas: *Moléculas y astros* (premio Gerardo Diego de la Diputación de Soria, 2002); *Jocs de llum*, Ed Bromera, 2006 (Premio Alfons el Magnànim "Ciutat de València" de poesía en valenciano, 2006); *Materia* (Primer accésit del Premio de Poesía Ciudad de las Palmas de Gran Canaria, 2007); *Cielo líquido*, Amargord, 2015; *Travesía*, Ed. Contrabando, 2016 (la tercera edición junto al pintor Pere Salinas, 2021); *de Uno*, Contrabando, Ho(yo) de hueso, en Las Hojas de Baobab, edición a cargo de Uberto Stabile y Gema Estudillo, 2018. Ha traducido del catalán al castellano a poetas como Joan Navarro, Teresa Pascual, Jaume Pérez Montaner, Begonya Pozo o Josep Checa. También ha traducido, del alemán al catalán, junto a Anacleto Ferrer, la poesía de Hannah Arendt, Edicions del Buc, 2018 y *Màtria*, de Rose Ausländer, Vincle, 2023 (en prensa).

Fragment of Angles of the Void

esse in vigilia et eius oblivisci

the room lies
cleared
of voice—it withstands
the lymph
of image

the figure feels
the density
it listens to the depth
of the wall—drizzle / gloom

eyes surround it:
marrow: demanding mass
freezes the sobriety
of thought: nothing
can be said
about that oceanic snow

the room:

i recognize the sphere, it does not drive, it lacks of infinite. the
closure of the end is fortuitous, it hides the simulacrum, it is
gestating the tumult, it secures itself.

[an intense defeat is perceived. it holds cyclones, caves. the figure is solicitous, however it seems it can not understand, and that subtracts serenity. the right foot advances some centimeters, what's the plot that tells it? what's its right to begin a trembling step?]

the figure:

would burn. i am a defeated people. i need more thirst to hide myself, to flee from the effort of this song. because my flesh sings, this voice of mine sings while it is destroyed.

it waits for a labyrinth
for the chasm that breaks it
that throws it back into the origin:
be born with a new easiness
track oneself down
use love to trap
the glass that observes it

[a line—of light or clarity—highlights a part of the room. perception can be false, in fact it is. the shadow spreads geometrically, giving way to a small darkened triangle. that is what the eyes of the figure see. its mind translates the visual restlessness: how to be inside the image? what matter survives a desire, an instant of perplexity?]

the look is an edge
the words swallow deep
what an answer
could be given
what a mirage

Fragmento de Ángulos del Vacío

esse in vigilia et eius oblivisci

yace la estancia
libre
de voz –soporta
la linfa
de la imagen

la figura intuye
la densidad
oye el fondo
del muro –llovizna / penumbra

la circundan los ojos:
tuétano: masa solicitante
hiela la sobriedad
del pensamiento: nada
puede decirse
de esa nieve oceánica

la estancia:

reconozco la esfera, no transporta, carece de infinito. es fortuita la clausura del extremo. esconde el simulacro, va gestando el tumulto, se afianza.

[una intensa derrota se percibe. caben ciclones, cuevas. la figura es solícita, no obstante. parece que no llega a comprender, y esto le

resta serenidad. el pie derecho avanza unos centímetros, ¿qué trama se lo dice?, ¿qué derecho le acude para iniciar un paso tembloroso?
]

la figura:

ardería. soy un pueblo vencido. necesito más sed para ocultarme, para huir del esfuerzo de este canto. porque canta mi carne, canta esta voz de mí que se destruye.

espera un laberinto
la sima que la rompa
que la entregue al origen:
nacer con nueva holgura
rastrearse
servirse del amor para atrapar
el vidrio que la observa

[una línea –de luz o claridad– acentúa una parte de la estancia. la percepción puede ser falsa, de hecho lo es. la sombra se distribuye geométricamente, dando paso a un pequeño triángulo oscurecido. esto ve el ojo de la figura. su mente traduce la inquietud visual: ¿cómo ser dentro de la imagen?, ¿qué materia sobrevive a un deseo, a un instante de perplejidad?]

la mirada es un filo
las palabras abisman
qué respuesta
habría
qué espejismo

Goya Gutiérrez Lanero

Translated by Enric Velo

Goya Gutiérrez Lanero (Zaragoza, Spain 1954) holds a degree in Hispanic Philology from the University of Barcelona and has taught high school Spanish Language and Literature. Since 2003 she has co-edited and edited the literary magazine *Alga*. She has published the poetry collections *Regresar* (1995), *De mares y espumas* (2001), *La mirada y el viaje* (2004), *El cantar de las amantes* (2006), *Ánforas* (2009) , *Hacia lo abierto* (2011), *Grietas de luz* (2015), *Y a pesar de la niebla (2018)*, *Lugares que amar (2018) and Pozo pródigo* (2022), her poems have appeared in numerous magazines, anthologies such as *El poder del cuerpo* (2009) and *Yin poetas aragonesas* 1960-2010 and collective books and tribute books to other poets *Antología poética y homenaje a José Luis Giménez-Frontín*, (2010), and *Un ábol de another world*. In Homage to Antonio Gamoneda, (2011). Her poetry has been translated into Catalan, Turkish, Italian and English. She publishes the website www.goya-gutierrez-lanero.com

Goya Gutiérrez Lanero (Zaragoza, España 1954) es licenciada en Filología Hispánica por la Universidad de Barcelona y ha sido profesora de Lengua Española y Literatura en un instituto. Desde 2003 coedita y dirige la revista literaria Alga. Ha publicado los poemarios *Regresar* (1995), *De mares y espumas* (2001), *La mirada y el viaje* (2004), *El cantar de las amantes* (2006), *Ánforas* (2009) *Hacia lo abierto* (2011), *Y a pesar de la niebla* (2018), *Lugares que amar* (2022) y *Pozo pródigo* (2022) , sus poemas han aparecido en numerosas revistas y antologías como *El poder del cuerpo* (2009) y *Yin poetas aragonesas* (1960-2010) y libros colectivos y de homenaje a otros poetas *Antología poética Antología poética y homenaje a José Luis Giménez-Frontín*, (2010), y

Un árbol de otro mundo. En homenaje a Antonio Gamoneda, (2011). Su poesía ha sido traducida al catalán, turco, italiano e inglés. Publica la página web www.goya-gutierrez-lanero.com

There is no time to think about the breadcrumbs

    from prejudiced hands
or the grass blades burned by the sun
    in this eternal and fugitive afternoon in which I elapse my time,
in which I tense my life accumulated in my body and its essence
like a bow with which I would like to hit in the center
    of everything that matters:

Keeping my conscience calm, not at rest.
Recognizing the light of dawn with still young eyes.
Having been able to reach maturity, although dragging
the shared stones of the road
    in pockets, in shoes.
Believing in the meaningless question, that fights
perhaps a whole life for its roundness, like a statue
    constantly changing in the hands of the artist,
like a poem always waiting to be polished.
And with that emptiness between the lips, go on with those
    crooked syllables, trying to straighten the plot of land
that was destined for me in this world, maybe in the desert,
planting the tree of juicy fruits, although not true,
but that with their balsamic answers they avoid
    the indelible pang
and that take me away momentarily from death.

Reaching as far as my feet can, not on wheels,
    nor with magic ointments, nor futuristic creams.
Counting with empty or full arms, those friendly branches

of cherries in their fullness.
Replanting a garden of words, tenacious, and write
its brilliance and its change, and its decrepitude.

Being able to love your own body, the face of your own spirit, like someone
who recovers the freedom of a world that shelters
sorrow and joyfulness.
To have felt inside the sap passing through my chalice of water
wrapping your flesh, towards the new being moving forward to emerge.
And no longer being able to tear myself apart, dismember me,
dissociate myself from that filial root, of that love that,
even if it gets dark in pieces or even if it hibernates, it will always wait
for the incipient spring sun.

No hay tiempo para pensar en las migajas

de los panes de manos prejuiciosas
o en las briznas de hierba quemadas por el sol
en esta tarde eterna y fugitiva en que transcurro,
en que tenso mi vida acumulada en mi cuerpo y su esencia
como un arco que quisiera acertar en el centro
de todo lo que importa:
Mantener la conciencia en sosiego no en reposo.

Reconocer la luz auroral con los ojos aún jóvenes.
Haber podido alcanzar la madurez, aunque arrastrando
las piedras compartidas del camino
en los bolsillos, los zapatos.

Creer en la pregunta sinsentido, que lucha
quizás toda una vida por su redondez, como una estatua
siempre en tránsito en manos de la artista,
como un poema siempre por pulir.
Y con ese vacío entre los labios, seguir con esas sílabas
torcidas, tratando de enderezar la parcela de tierra
que me fue destinada en este mundo, quizás en el desierto
sembrando el árbol de los frutos jugosos, que no ciertos,
pero que con sus balsámicas respuestas soslayan
la punzada indeleble
y alejan momentáneamente de la muerte.

Llegar tan lejos como puedan mis pies, no sobre ruedas,
ni con ungüentos mágicos, ni cremas futuristas.
Contar con los brazos vacíos o plenos, esas ramas amigas
de cerezas en su plenitud.

Replantar un jardín de palabras, tenaz, y escribir
        su fulgor y mudanza, y su decrepitud.

Poder amar tu cuerpo, el rostro de tu espíritu como quien
recobra la libertad de un mundo que cobija
                el pesar y la alegría.
Haber sentido dentro la savia transcurrir en mi cáliz de agua
envolviendo tu carne, hacia el ser avanzando hasta emerger.
Y ya no poder nunca más desgarrarme, desmembrarme,
        desunirme de esa raíz filial, de ese amor que,
aunque oscurezca a trozos o aunque hiberne, ya siempre esperará
        el incipiente sol de primavera.

The House

II

Peaceful army of plates lined up, awaiting
the order,
waiting for the launch, to break ranks
to protect the country of alchemy that takes place
in the burning matrix, center and axis,
melting pot where the matter of meat and fish,
        of vegetables
turns to honeyed gold sliding
        through the long internal rooms
which will flow into the sea, the smooth skin, a reflection of
        livelihood and the pleasure of living.

Wine glasses stylized like exquisite mares galloping
        across the friendly banquet
of grass tablecloths, females who, eager to be filled
        with the dark or clear germ, manage
to seduce the friend who owns them and the hand that fills them.
Glasses of water like foals, the necessary
        infant equines that tame the passion
and pour their liquid diamonds with which to liquefy the gold
        that has turned into stone in the deepness.

Soups boil over the fire like that primordial soup
        from which everything came,
in their bubbles, the stars' pasta dreams of
        the polychrome wings of the bird perched
on the windowsill running from the rain,
whose transparent orb penetrates between the glass sheets,

gratitude for what is given,
renewing water, drop by drop full
to grow inside, to soften the earth,
for the universe to drink,
and for the worm to emerge, the hot meal
that the beaks are awaiting.

La casa

II

Ejército pacífico de platos alineados, pendientes
de la orden,
a la espera de la puesta en acción, de romper filas,
de amparar el país de la alquimia que tiene lugar
en la matriz ardiente, centro y eje,
crisol en donde la materia de carnes y pescados,
de verduras
se transforma en el oro meloso deslizándose
por las largas estancias interiores
que van a dar a la mar, la tersa piel reflejo
del sustento y placer de vivir.

Estilizadas copas como exquisitas yeguas galopando
        entre el ágape
de manteles de yerba, hembras que deseosas de llenarse
        del bruno o claro germen consiguen
seducir al compañero poseedor y a la mano que vierte.
Vasos de agua como potros, los equinos
infantes necesarios que amansan la pasión
y vierten sus líquidos diamantes con que licuar el oro
que se ha tornado piedra en las entrañas.

Hierven las sopas sobre el fuego como ese primigenio
caldo de donde vino todo,
en sus burbujas la pasta de estrellas sueña
con las policromadas alas del pájaro posado
en el alféizar huyendo de la lluvia,
su orbe transparente penetra entre las hojas de cristal,

gratitud de lo dado,
agua renovadora, gota a gota colmada
para crecer por dentro, para ablandar la tierra,
que el universo beba,
y que emerja el gusano, ese almuerzo caliente
que los picos esperan.

Gabriela Franco

Translated by Marta López Luaces and Nuria Morgado

Gabriela Franco (Buenos Aires, 1970) studied Literature. She is a poet, teacher, and editor. She published *Calle*, *Piedras preciosas*, *Los que van a morir*, *Modos de ir*, *En orden de aparición* y *Por las ramas*. She has compiled several poetry anthologies (among others, *Primeras poetas argentinas,* which recovers the voices of Argentinian poets from past centuries), and the anthology of stories *Perón Vuelve. Stories about Peronism*. She coordinates the magazine *Por el Camino de Puan* of the UBA. She collaborates with different media, and she has directed several poetry workshops. In 2022s she received the first Storni National Poetry Prize.

Gabriela Franco (Buenos Aires, 1970). Estudió Letras. Es poeta, profesora y editora. Ha publicado *Calle, Piedras preciosas, Los que van a morir, Modos de ir, En orden de aparición* y *Por las ramas*. Ha compilado varias antologías poéticas (entre otras, *Primeras poetas argentinas*, que recupera las voces de poetas argentinos de siglos pasados), y la antología de relatos *Perón Vuelve. Relatos sobre el peronismo*. Coordina la revista *Por el Camino de Puan* de la UBA. Colabora con distintos medios de comunicación, y ha dirigido varios talleres de poesía. En 2022 recibió el primer Premio Nacional de Poesía Storni.

Four poems for (of) *Those who are going to die*

the liver tires
demanding dreams from another day

the liver tires
wanting to be a lion of the jungle

the liver is a boiler
making faces, mooing, clapping its hands

the liver is a buffoon
charges entrance, boarding houses

the liver is a comedy actor
thinking it is a thorax

the liver is an artist
inventing, translating, processing

the liver causes
wanting to be exquisite and it rots

the liver cancer
disputing knowledge, flavors, pains

the liver is heavy
killing alcohols, little vegetables

the liver wants to be the heart
enlarging, squeezing the chest

the liver dies
there is no discussion between candies and cynics

*

gabbing the sway attends
the meeting of the waters
and she shakes empty sheets

she washes the body
of the newcomer
and that of the dead

she dusts off portraits
builds galleries
crystals
trees' tops and roots
families

the woman gives way
to the arrival of children
soften
the departure from this world

the woman is a door

*

blood is cut off and there is no
red or light
or rush

just something outside
from the grave of an artery
outside
a slow gushing silence
a hoarse water of red

a river that reaches the sea
and leaves the heart
distended

it is not that there is no light
it is that it collapses little by little

*

a prayer in the outdoors
no king, no ace, no sword
only blades
tearing the wind
smoke in the smoke
nodding
nothing more

outside
a lung blows
the skin flattens
falls like bits of rain
how many light years ago
ash
in the air I breathe?

melts in your hands
the embrace
the written absence
disobedient

the still feet
grazing among worms
without wolf or thirst
a certain water in the eye
and on the lips
still fissure

the ass hangs down
like a Siamese animal's paw
me a little one, a little old or a little dead
you moss skin rock
tired navel home
with holes
mouse that grows
red hemoglobin red beaten

the eternal party is coming
a desire
grow old.

Cuatro poemas de *Los que van a morir:*

el hígado cansa
exige sueños de otro día

el hígado cansa
quiere ser león de la selva

el hígado es caldera
hace muecas, mugidos, bate palmas

el hígado es un bufón
cobra entrada, tapia casas

el hígado es un actor de comedia
se cree un tórax

el hígado es un artista
inventa, traduce, procesa

el hígado causa
quiere ser exquisito y se pudre

el hígado cáncer
disputa saberes, sabores, dolores

el hígado pesa
mata alcoholes, verduritas

el hígado quiere ser el corazón
se agranda, oprime el pecho

el hígado muere
no hay discusión entre cándidos y cínicos

*

asida al vaivén asiste
al encuentro de las aguas
y agita sábanas vacías

lava el cuerpo
del recién venido
y el de los muertos

desempolva retratos
construye galerías
cristales
copas y raíces de los árboles
familias

la mujer da paso
a la llegada de los niños
amortigua
la partida de este mundo

la mujer es una puerta

*

la sangre se corta y no hay
rojo ni luz
ni apuro

sólo algo afuera
de la tumba de una arteria
afuera
un silencio de borbotón lento

un agua afónica de tinto
un río que llega al mar
y deja el corazón
distendido

no es que no haya luz
es que se derrumba de a poco

*

un rezo a la intemperie
ni rey ni as ni espada
sólo aspas
rasgando el viento
humo en el humo
un cabeceo
nada más

afuera
sopla un pulmón
se aplana la piel
cae en pedacitos de lluvia
hace cuántos años luz
ceniza
en el aire que respiro?

se deshace en las manos
el abrazo
la ausencia escrita
desobediente

los pies quietitos
pastando entre gusanos
sin lobo ni sed
cierta agua en el ojo
y en los labios

quieta fisura

el culo cuelga
como pata de animal siamés
yo chiquita yo viejita yo muertita
vos roca piel de musgo
ombligo cansado casa
con agujeros
ratón que crece
rojo hemoglobina vencido

se viene la fiesta eterna
un deseo
envejecer

Daniel Shapiro

Translated by Isaac Goldemberg

Daniel Shapiro (USA, 1955) is the author of three poetry collections, and the translator of Tomás Harris's *Cipango* (2010) and of Roberto Ransom's *Missing Persons, Animals, and Artists* (2018). He has received Translated grants from the National Endowment for the Arts and PEN. Shapiro serves as Editor of *Review: Literature and Arts of the Americas*, and as a Distinguished Lecturer at The City College of New York.

Daniel Shapiro (USA, 1955) ha publicado tres poemarios y traducido *Cipango* (2010), de Tomás Harris, y *Missing Persons, Animals, and Artists* (2018), de Roberto Ransom. Ha recibido becas para la traducción de National Endowment for the Arts y el PEN. Actualmente, Shapiro se desempeña como Editor de *Review: Literature and Arts of the Americas* y es Instructor Distinguido en The City College of New York.

The Cardinal

Once, edging along the park
a gray Sunday, I spotted a cardinal
flash like blood through a leafless elm.
And thanks to that bird's invitation,
I was free of dead-white skin, my lungs drew
cedar laced with hyacinth,
gnarled Torrey pines swam through mist
and on a green bench I sat down.
The silver bridge crossing the river,
the cardinal's full-throated song—
My words speak through his sturdy beak,
a song against oblivion.

El cardenal

Cierta vez, bordeando el parque
un gris domingo, vi un cardenal
pasar veloz como sangre por un olmo sin hojas.
Y gracias a la invitación de ese pájaro,
me vi libre de piel blanca y muerta, mis pulmones aspiraron
cedro entretejido con jacinto,
retorcidos pinos torrey nadaban por la niebla
y me senté en una banca verde.
El puente de plata que cruzaba el río,
el canto clamoroso del cardenal—
mis palabras hablan a través de su robusto pico,
un canto contra el olvido.

Arte Poética

The triangle has swallowed the circle.
The square has eaten its lines.
Circles are chasing their tails
through oblivion.
Words are packing up and leaving town.
Let's go for a ride into language,
circling round and round.
Where a poem will explode
from its center,
won't ever again be called a poem.
Each word tactile—hairy or sweet—
will stand
like an obelisk
in the sand,
casting its shadow at midnight,
a whirring planet.
Open your ears and build a language,
go build your poems!
Impossible mobiles suspended upside-down
that quiver in wind,
iridescent drums sounding
under water
that shout names for the new things,
splayed across the vacuum of the sky.
We won't *reflect* the world,
we will *create* it
with these eyes, these ears,
these noses, these tongues, these hands.

Arte poética

El triángulo se ha tragado el círculo.
El cuadrado se ha comido sus líneas.
Los círculos persiguen sus colas
a través del olvido.
Las palabras están empacando y abandonando la ciudad.
Demos un paseo por el interior del lenguaje,
dando vueltas y vueltas.
Donde un poema explotará
de su centro,
jamás volverá a llamarse un poema.
Cada palabra táctil—dulce o peluda—
se alzará
como un obelisco
en la arena,
proyectando su sombra a medianoche,
un planeta que gira y zumba.
Abre tus oídos y erige un lenguaje,
¡ve a construir tus poemas!
Imposibles móviles suspendidos al revés,
que tiemblan al viento,
tambores iridescentes sonando
bajo agua,
que gritan nombres para las cosas nuevas,
desplegadas a través del vacío del cielo.
Nosotros no *reflejaremos* el mundo,
lo *crearemos*
con estos ojos, estos oídos,
estas narices, estas lenguas, estas manos.

APRIL 29, 2023

29 DE ABRIL, 2023

Carlos Aldazabal

Translated by Jeremy Paden

Carlos J. Aldazábal (Salta, Argentina, 1974) published the following poetry books, among others: *Piedra al pecho* (2013), *Camerata carioca* (2016), *Mauritania es un país con nieve* (2019) y *Paraje* (2021). He won the first prize of the II Contest "Identity, from footprints to the word" organized by the Grandmothers of Plaza de Mayo (2001), the Alhambra Prize for American Poetry (Granada, Spain, 2013), the XLIII Premio Ciudad of Irún for poetry in Spanish (Basque Country, Spain, 2019) and the Olga Orozco Award from the National Endowment for the Arts (2021). He is the coordinator of the Juan L Ortiz Literary Space at the Gorini Floreal Cooperation Cultural Center and he is the director of the poetry publishing house El Suri Porfiado.

Carlos J. Aldazábal (Salta, Argentina, 1974). Sus últimos libros de poemas publicados son: *Piedra al pecho* (2013), *Camerata carioca* (2016), *Mauritania es un país con nieve* (2019) y *Paraje* (2021). Obtuvo, entre otros, el primer premio del II Concurso "Identidad, de las huellas a la palabra" organizado por Abuelas de Plaza de Mayo (2001), el Premio Alhambra de Poesía Americana (Granada, España, 2013), el XLIII Premio Ciudad de Irún de poesía en castellano (País Vasco, España, 2019) y el Premio Olga Orozco del Fondo Nacional de las Artes (2021). Es coordinador del Espacio Literario Juan L Ortiz en el Centro Cultural de la Cooperación Floreal Gorini, director de la editorial de poesía El Suri Porfiado y Doctor en Ciencias Sociales por la Universidad de Buenos Aires.

Toda resurección lleva su tiempo

A Julian Axat. A Demetrio Iramain

No crecerá un jardín en este páramo,
ni algas ni corales, ni especies invencibles,
ni siquiera algún musgo verdeciendo lo negro.
Todo el barro se mezclará en la arena,
toda la arena triturada en el vidrio,
y el polvo en el metal, y la vida en la muerte.

Las turbinas que vuelan encienden tuberías,
absurdos toboganes de lo que no se encuentra.
Pero se puede ver un halcón a lo lejos
que conoce el sabor y el olor de las ratas.
No crecerá un jardín, ni siquiera una selva.
Tal vez cañaverales como huesos que brotan,
huesos que como dedos escribirán los nombres
de los mismos verdugos que arrasaron los puentes
para que muera el río.
No crecerá un jardín en este páramo.

El viento sopla lejos sobre un bosque.
Las piedras acarician el agua.
La luna por el cielo.

Y ranas a la orilla con su canto estridente
anunciando, por fin, el inicio de todo.

All Resurrections Take Their Time

For Julian Axat. For Demetrio Iramain

No garden will grow in this wasteland,
no algae, no coral, no indomitable species,
not even a little moss to green the black.
All the mud will get mixed up with the sand,
all the sand ground up with the glass,
and dust with metal, and life with death.

The flying turbines light up the pipes,
absurd chutes of what can't be found.
But a falcon can be seen in the distance,
one that knows the taste and smell of rats.
No garden will grow, not even a jungle.
Maybe a canebrake, like sprouting bones,
bones that will, like fingers, scribe out the names
of the very murderers that laid waste to the bridges
so that the river would die.
No garden will grow in this wasteland.

The wind blows faraway over a forest.
Stones caress the water.
The moon in the sky.

And frogs on the shore with their raucous song
trumpet, at last, the beginning of everything.

Petroglifo

Su nombre es Miky, viene del Cusco,
aunque podría venir como ese niño
        que fue Arguedas
desde Abancay, en busca de su padre.

En la piedra está toda la historia:
el padre de Miky y el de Arguedas,
el padre de mi tía, a la que le decían chola con cariño,
los padres de las cholitas que ahora se llaman Jennifer o Ruth,
y no Qoyllur, aunque lo sean,
estrellitas risueñas alumbrando las tinieblas
de un argentino agringado.

Petroglyph

Miky's his name, he comes from Cuzco,
though he could, like that kid
    who was Arguedas,
come from Abancay, in search of his father.

The whole story is in the stone:
Miky's father and Arguedas',
my aunt's father, the one they lovingly called halfbreed,
the parents of halfbreeds now named Jennifer or Ruth,
and not Qoyllur, though they are,
small cheerful stars that light up the dark
of an Argentine who's gone a little gringo.

Eduardo Mileo

Translated by Marta López Luaces and Nuria Morgado

Eduardo Mileo (Buenos Aires, 1953) published the following books: *Quítame estas cruces* (1982), *Tiendas de campaña* (1985), *Dos épicas* (with Alberto Muñoz, 1987), *Puerto depuesto* (1987), *Mujeres* (1990; 2nd edition, 2005), *Misa negra* (with Alberto Muñoz, 1992), *Poema del amor triste* (2001), *Poemas sin libro* (2002, First Prize of the Fondo Nacional de las Artes), *Muro con lagartos* (2004), *Poemas del sin trabajo* (2007, Third Municipal Prize), *Los frutos del apetito* (together with Javier Cófreces, 2011), *Titanes* (together with Javier Cófreces and Alberto Muñoz, 2014), *Bestias pop* (with illustrations by Rafael Mileo, 2015), *Extracción del agua de la niebla* (First Municipal Prize for unpublished works, 2018), *Pentámeros* (2021) and *Blanco móvil* (2024). With Gabriela Franco and Javier Cófreces, he edited the anthologies *Última poesía argentina* (2008) and *Primeras poetas argentinas* (2009). With Javier Cófreces, he edited the anthology *Un palmar sin orillas* (poems by Francisco Madariaga, 2009). He coordinated, together with Susana Villalba, the *Antología federal de poesía Ciudad de Buenos Aires*, published by the Consejo Federal de Inversiones. He taught poetry courses at the National Library and for the Fondo Nacional de las Artes. He was a member of the Editorial Committee of the poetry magazine *La Danza del Ratón* and of the Editorial Committee of Ediciones en Danza.

Eduardo Mileo (Buenos Aires, 1953). Editó los libros *Quítame estas cruces* (1982), *Tiendas de campaña* (1985), *Dos épicas* (junto a Alberto Muñoz, 1987), *Puerto depuesto* (1987), *Mujeres* (1990; 2ª edición, 2005), *Misa negra* (junto a Alberto Muñoz, 1992), *Poema del amor triste* (2001), *Poemas sin libro* (2002, Primer Premio del

Fondo Nacional de las Artes), *Muro con lagartos* (2004), *Poemas del sin trabajo* (2007, Tercer Premio Municipal), *Los frutos del apetito* (junto a Javier Cófreces, 2011), *Titanes* (junto a Javier Cófreces y Alberto Muñoz, 2014), *Bestias pop* (con ilustraciones de Rafael Mileo, 2015), *Extracción del agua de la niebla* (Primer Premio Municipal para obras inéditas, 2018), *Pentámeros* (2021) y *Blanco móvil* (2024). Con Gabriela Franco y Javier Cófreces, editó las antologías Última poesía argentina (2008) y *Primeras poetas argentinas* (2009). Con Javier Cófreces, editó la antología *Un palmar sin orillas* (poemas de Francisco Madariaga, 2009). Coordinó, junto a Susana Villalba, la *Antología federal de poesía Ciudad de Buenos Aires*, publicada por el Consejo Federal de Inversiones. Dictó cursos de poesía en la Biblioteca Nacional y para el Fondo Nacional de las Artes. Fue miembro del Comité Editorial de la revista de poesía *La Danza del Ratón* y del Comité Editorial de Ediciones en Danza.

Drank Water

For Irene Gruss

I do not know how to speak.
I wake up far away.
I stumble.

Inadequate mirror of what I could
I am what I am:
I do not share myself.

Dark horizons lights
reach up to here
Litanies of wolves.
Howls of full moon.
Someone came by
to wet my eyes.

But I don't know how to say it.

Inside me there is a water,
a bell silence.

Agua bebida

A Irene Gruss

No sé hablar.
Me despierto alejado.
Trastabillo en mis pasos.

Inadecuado espejo de lo que podría
soy los que soy:
no me reparto.

Hasta aquí llegan luces
de horizontes oscuros.
Letanías de lobos.
Aullidos de luna llena.

Por aquí pasó alguien
a mojarme los ojos.

Pero no sé decirlo.

Dentro de mí hay un agua,
un silencio de campana.

De *Poemas sin libro* (Ediciones en Danza, 2002).

The dead stingray fish

For Raúl Mileo

In her motionless gesture suspended,
appearing in the avalanche of foam
waiting no longer,
desperate,
the dead stingray fish.

Chained to its sand mirror
like the stars to their ellipse, still,
sky of half-open mouths,
the stingray fish.

Dead without end, wingless, blind.
Bird of land.
The sea covers it and discovers it. It plays
with that girl without dolls.

For sunlight.
For a deserted cathedral of light.
For life without life. Footprint.
Depth flight of the stingray fish.
Not a dialogue line.
Of end.

Loose page.

Rumor of the sea.
Love affairs in America
disappear from your door.

Solar cold shines and extinguishes the sky.
the stingray fish opens its eyes.

Not stingray of passion.
Not of chimera.
Neither of joy nor of sperm.
Virtue of the water that remains in the water.

On his final health,
the twilight´s eye catches fire.

Wingless stingray .
War bird.
Killed by fisherman who lives in sorrow.
At the bottom of the sea
life throbs.
But it belongs to air that which flies.

La raya muerta

A Raúl Mileo

En su ademán inmóvil suspendida,
aparición en el alud de espuma,
esperando ya no,
                                        desesperada,
la raya muerta.

Encadenada a su espejo de arena
como los astros a su elipse, quieta,
cielo de bocas entreabiertas,
la raya muerta.

Muerta sin fin, sin alas, ciega.
Pájaro de tierra.
El mar la cubre y la descubre. Juega
con esa niña sin muñecas.

Para la luz del sol.
Para una catedral de luz desierta.
Para la vida sin la vida. Huella.
Vuelo de hondura de la raya muerta.
Raya no de diálogo.
                                                  De fin.
Página suelta.

Rumor de mar.
Amores en América
desaparecen de su puerta.
Brilla el frío solar y apaga el cielo.
Abre los ojos la raya muerta.

No raya de pasión.
No de quimera.
Ni de alegría ni de esperma.
Virtud del agua que en el agua queda.

A su salud postrera,
el ojo del crepúsculo se incendia.

Raya sin alas.
                    Pájaro de guerra.
Murió de un pescador que vive en pena.
En el fondo del mar
                              la vida late.
Pero es del aire lo que vuela.

De *Poemas sin libro* (Ediciones en Danza, 2002).

Jordi Doce

Translated by Lawrence Schimel

Jordi Doce (Gijón, Spain 1967) has published several volumes of poetry, including *No estábamos allí* (2016) and *Maestro de distancias* (2022). In the UK, Shearsman Books has published *Nothing Is Lost: Selected Poems* and *We Were Not There* (trans. Lawrence Schimel), and *Master of Distances* (trans. Terence Dooley). He is the author of three books of miscellanea and aphorisms—*Hormigas blancas* (2005), *Perros en la playa* (2011) and *Todo esto será tuyo* (2021)—and several books of essays, criticism, and articles on literature. He has also translated into Spanish the poetry of W.H. Auden, John Burnside, Anne Carson, T.S. Eliot, Charles Simic and Sylvia Plath, among others. Doce currently works as poetry editor for Spanish publisher Galaxia Gutenberg, based in Barcelona.

Jordi Doce (Gijón, España 1967) ha publicado ocho poemarios, entre los que destacan *Lección de permanencia* (Pre-Textos, 2000), *No estábamos allí* (Pre-Textos, 2016) y *Maestro de distancias* (Abada, 2022); estos dos últimos han sido elegidos mejor libro poesía del año por el suplemento *El Cultural*.En prosa ha publicado los cuadernos de notas y aforismos *Hormigas blancas* (Bartleby, 2005), *Perros en la playa* (La Oficina, 2011) y *Todo esto será tuyo* (Pre-Textos, 2021), así como varios libros de ensayos y artículos. Ha traducido la poesía de W.H. Auden, William Blake, Lewis Carroll, Anne Carson, T.S. Eliot, Sylvia Plath y Charles Simic, entre otros.Fue lector de español en las universidades de Sheffield (1993-1995) y Oxford (1997-2000), así como editor en la revista *Letras Libres* (2001-2004) y el Círculo de Bellas Artes (2007-2013). Actualmente coordina la colección de poesía de la editorial Galaxia Gutenberg.

Wintry

One must have a mind of winter …
Wallace Stevens

Time has not given you the answers,
just new questions.
The light abates
over time, the streets become deserted,
from your room you only see
a future of tattered branches,
night crouched on the rooftops,
and you think you even feel that stillness
that precedes snow
like an inheld breath,
something that waits to be
and despairs at being.
Winter
makes everything simpler,
with its chisel of cold and wants.
It is a discipline,
an agreement between the world and its flip side,
the shadow side on which it rests.

The colour of the evening
is the colour of thought.
Upon the street there falls
a rinsed light, almost insulated,
and everything withdraws, dropping away
as in a camera lens,
as if the world were a diagram of itself,
a sparse yet efficient map
that unearths the root of things.

The mind is pleased with winter.
Soothed by its edges,
its quiet economy,
the way it sticks to what it has.
It simplifies everything,
even these uneasy questions
that change over time,
that don't change.

Invernal

One must have a mind of winter ...
Wallace Stevens

El tiempo no te ha dado las respuestas,
solo nuevas preguntas.
Declina con las horas
la luz, las calles se despueblan,
desde tu cuarto solo ves
un futuro de ramas harapientas,
la noche agazapada en los tejados,
y crees sentir, incluso, esa quietud
que precede a la nieve
como un aliento contenido,
algo que espera a ser
y desespera.
El invierno
lo hace todo más simple,
con su buril de frío y de carencias.
Es una disciplina,
un acuerdo entre el mundo y su reverso,
el lado de penumbra en que se apoya.

El color de la tarde
se iguala al pensamiento.
Cae sobre la calle
una luz aclarada, casi exenta,
y todo se distancia y adormece
como en un objetivo,
como si el mundo fuera un diagrama del mundo,
un mapa desnutrido y eficaz
que ha dado con el hueso de las cosas.

La mente se complace en el invierno.
Le alivia su barbecho,
su rara indiferencia,
la forma en que se atiene a lo que tiene.
Todo lo simplifica,
también estas preguntas impacientes
que cambian con el tiempo,
que no cambian.

Seasons

1

You're late again,
but that's not
news, you're always late,
since always,
and the strain that appears as you
set the table
or stir the stew that's never just right
is something else,
the fallowness of a lacklustre heaven
which stays mute about what it's seen,
the dry cold in the bones
when you open the door and it's nobody.

2

Fear,
it's the fear again, you think, as the light
grows stronger
in the inner courtyard and morning
kicks off without certainties,
just the voice of a girl
in the flat upstairs, a sound
of doors and elevators
for people sure of their role,
solid names,
and the milk that a moment ago you placed on the stove
burns.

3

The things they tell you
are very sensible, but
they don't interest you,
they're very far from helping you,
and only
out of respect do you stop to listen,
without impatience,
as you sink your foot between misunderstandings
and the silence prospers
like a tumour in the throat, you're
right, I hadn't thought it,
and the faithful step, the watery eye.

4

What you dream is a stain
on the hours, a black stalk
that spreads stealthily
and places its tentacles here,
where the blood
is weak, where the air becomes thinner
and hurts,
and your name is not on any lips,
and all day
you come and go wavering
upon the balance of yourself,
trying not to drown.

5

Deserts of days, demons of my nights,
tell me,
what happened to the stuff that was life,
when did blood and its beating
run out, the tense
water of desire?
There are no more questions,
just a mute insistence;
like sleep,
and the girl who time has not dissolved
playing
with night, with demons, with herself.

Estaciones

1

Has vuelto a retrasarte,
pero la novedad
no es esa, siempre te retrasas,
siempre lo has hecho,
y la tensión que asoma mientras pones
los platos
o remueves el guiso que nunca está en su punto
es otra cosa,
el barbecho de un cielo inapetente
que calla lo que ha visto,
el frío seco que da en hueso
cuando abres la puerta y no es nadie.

2

El miedo,
es el miedo otra vez, piensas, mientras la luz
se hace más fuerte
en el patio interior y la mañana
arranca sin certezas,
tan solo la voz de una niña
en el piso de al lado, un ruido
de puertas y ascensores
para gentes seguras de su oficio,
nombres redondos,
y la leche que hace un momento pusiste al fuego
se quema.

3

Las cosas que te dicen
son muy sensatas, pero
no te interesan,
están muy lejos de ayudarte,
y solo
por respeto te paras a escucharlos,
sin impaciencia,
mientras hundes el pie entre malentendidos
y el silencio prospera
como un tumor en la garganta, tienes
razón, no lo había pensado,
y el paso fiel, el ojo acuoso.

4

Lo que sueñas es una mancha
en las horas, un tallo negro
que se extiende a hurtadillas
y pone sus tentáculos aquí,
donde la sangre
es débil, donde el aire se vuelve más escaso
y hiere,
y tu nombre no está en ninguna boca,
y todo el día
vas y vienes entre dos aguas
sobre el fiel de ti misma,
tratando de no ahogarte.

5

Desiertos de los días, demonios de mis noches,
decidme,
¿qué fue de la materia que fue vida,

en qué acabaron
la sangre y su latido, el agua
crispada del deseo?
Ya no quedan preguntas,
tan solo una insistencia muda,
como el dormir,
y la niña que el tiempo no ha disuelto
jugando
con la noche, con los demonios, consigo misma.

Juan Vico

Translated by Marta López Luaces and Nuria Morgado

Juan Vico (Barcelona, Spain, 1975) was editor-in-chief of the literary magazine "Quimera" between 2013 and 2015, and is currently a professor at the Ateneu Barcelonés Writing School. A writer interested in intertextuality and common territories between artistic disciplines, critics have highlighted the solidity and precision of his style.1 He won the International Poetry Prize Arcipreste de Hita in 2005 for the book of poems *Víspera de ayer*, which together with *Still Life* (2011), *La balada de Molly Sinclair* (2014) and *Condición de los amantes* (La Isla de Siltolá, 2021) make up his poetic work to date. In 2012 his first novel, *Hobo*, was published, which offered an overview of the origins of the blues. His debut in the short story genre came the following year with the volume *El Claustro Rojo*, winner of the Premio Café 1916. His most recent novels are *Los bosques imantados* (2016) and *El animal más triste* (2019). He is also the author of the film essay *La fábrica de espectros* (2022). In 2018 he won one of the Montserrat Roig writing grants from the Barcelona City Council and in 2020 he was selected for the MALBA Writers' Residence (Buenos Aires).

Juan Vico (Barcelona, España, 1975) Fue redactor jefe de la revista literaria "Quimera" entre los años 2013 y 2015, y en la actualidad es profesor en la Escuela de Escritura del Ateneu Barcelonés. Escritor interesado por la intertextualidad y los territorios comunes entre disciplinas artísticas, la crítica ha destacado la solidez y la precisión de su estilo.1 Obtuvo el Premio Internacional de Poesía Arcipreste de Hita en 2005 por el libro de poemas *Víspera de ayer*, que junto a *Still Life* (2011), *La balada de Molly Sinclair* (2014) y *Condición de los amantes* (La Isla de Siltolá, 2021) componen su obra poética hasta el momento. En 2012 se publicó su primera novela, *Hobo*, que ofrecía una panorámica sobre los orígenes del blues. Su debut en el género del relato se produjo el año siguiente con el volumen *El Claustro Rojo*, merecedor del Premio Café 1916. Sus novelas más recientes son *Los bosques imantados* (2016) y *El animal más triste* (2019). Es también autor del ensayo sobre cine *La fábrica de espectros* (2022). En 2018 obtuvo una de las becas de escritura Montserrat Roig del Ayuntamiento de Barcelona y en 2020 fue seleccionado para la Residencia de Escritores MALBA (Buenos Aires).

Free Topic

The hand quenching thirst.
Thirst quenching the hand.

Curtains flapping in the room
without the room.

And then you, sleepless gazelle,
tell me where you will tremble

when all night long
has burned

Tema libre

La mano saciando la sed.
La sed vaciando la mano.

Cortinas ondeando en la habitación
sin la habitación.

Y entonces tú, gacela insomne,
dime dónde temblarás

cuando toda esta noche
haya ardido.

Catalog Raisonné

The photos I keep don´t help me
fix your image: you emerge
from each one as a different person
and not even by adding them all together could I obtain
a reassuring composite sketch.
Let's say
they don't fit together, or at least
I can't match them correspond:
they attract and repel each other
like pieces of an absurd puzzle.
But it's the way, in the end,
that I evoke you here again,
heteroclite and evanescent, without
definite purpose,
while I wonder
if we don´t exist preferably
in the pieces of us
that others keep,
poor ruins installed on luxurious pedestals,
clumsy fetishes floating in crude jars of formaldehyde,
above some false ceiling, behind some
double wall,
under the unwashed carpet of the stage.

Catálogo razonado

Las fotos que conservo no me ayudan
a fijar tu imagen: emerges
de cada una como personas distintas
y ni siquiera sumándolas podría obtener
un tranquilizante retrato robot.
Digamos
que no encajan entre ellas, o que al menos
yo no consigo hacerlas corresponder:
se atraen y se repelen
como piezas de un puzle absurdo.
Pero es el modo, en fin,
en que te evoco aquí de nuevo,
heteróclita y evanescente, sin ningún
propósito definido,
al tiempo que me pregunto
si no existimos con preferencia
en los pedazos que de nosotros
van guardando los demás,
pobres ruinas instaladas en lujosos pedestales,
torpes fetiches flotando en burdos tarros de formol,
sobre algún falso techo, tras algún
doble fondo,
bajo la alfombra sin lavar del escenario.

About the Editor

Marta López-Luaces (A Coruña, Spain,1964). She is a poet, novelist and translator. She holds a Ph.D. in Spanish and Latin American Literatures from New York University (1998). She is a Professor of Creative Writing at Montclair State University. She is the coordinator of the Bilingual Poetry Readings via Zoom She published the following poetry books: *Distancias y destierros* (Sgo. de Chile: Red Internacional del Libro, 1998), *Las lenguas del viajero (*Madrid: Huerga y Fierro, 2005), *Los arquitectos del imaginario* finalist of the prestigious award Ausiás March (Valencia: Pre-Texto 2011), *Después de la oscuridad* (Valencia, Pre-Texto *2016)* and *Talar un nogal* (Madrid: Tigres de papel, 2023). In 2019 Gival Press published the translation of her poetry book *Los arquitectos de lo imaginario as Architects of the Imaginary* in 2022. Her poems in English were also published in literary magazines such as *Confrotation, The Hampden-Sydney Poetry Review, Sakura Review, downtown brooklyn, Literary Review, and Mandorla*, among others. A selection of her work was translated into Rumanian and published under the titled *Pravalirea focului* (Orient-Occident, 2010). Her poetry was also translated into Italian and published under the title of *Accento Magico* (San Marco, 2002). Bartleby Press, Madrid, published her translation of Robert Duncan's poetry work under the title *Tensar el arco y otros poemas* in 2012. She also translated poetry books by Dorothea Tanning, Ann Lauterbach and Peter Gizzi, among others.

She also published *La Virgen de la Noche* (Madrid: Sial, 2009), a collection of short stories and the following novels: *Los traductores del viento* (Madrid-Monterrey, Vaso Roto, 2013), won the International Latino Book Award for Best Fantasy Novel, 2014, *El placer de matar una madre* (Madrid: Ediciones B, 2019) and *Urbanización X* (Buenos Aires: Seix Barral, 2024). She was named Speaker for the Humanities of NYC (2003-05).

Marta López-Luaces (A Coruña, España, 1964) es poeta, narradora y traductora. Tiene un doctorado en Literaturas Españolas y Latinoamericanas por la Universidad de Nueva York (1998). Es profesora de Escritura Creativa en Montclair State University. Es la coordinadora de las Lecturas de Poesía Bilingüe por Zoom. Publicó los siguientes libros de poesía: *Distancias y destierros* (Sgo. de Chile: Red Internacional del Libro, 1998), *Las lenguas del viajero* (Madrid: Huerga y Fierro, 2005), *Los arquitectos del imaginario*, finalista del prestigioso premio Ausiás March, (Valencia: Pre-Texto 2011), *Después de la oscuridad* (Valencia, Pre-Texto 2016) y *Talar un nogal* (Madrid: Tigres de papel, 2023). En 2019, Gival Press publicó la traducción de su libro de poesía *Los arquitectos de lo imaginario* bajo el título *Architects of the Imaginary* en 2022. Sus poemas en inglés también fueron publicados en revistas literarias como Confrotation, The Hampden-Sydney Poetry Review, Sakura Review, downtown brooklyn, Literary Review y Mandorla, entre otros. Una selección de su obra fue traducida al rumano y publicada bajo el título *Pravalirea focului* (Orient-Occident, 2010). Su poesía también fue traducida al italiano y publicada bajo el título *Accento Magico* (San Marco, 2002). Bartleby Press, Madrid, publicó su traducción de la obra poética de Robert Duncan bajo el título *Tensar el arco y otros poemas* en 2012. Traducía poesía de Dorothea Tanning, Ann Lauterbach y Peter Gizzi, entre otros, para revistas y editoriales españolas.

Publicó La Virgen de la Noche (Madrid: Sial, 2009), una colección de relatos que obtuvo excelentes críticas. También publicó las siguientes novelas: Los traductores del viento (Madrid-Monterrey, Vaso Roto, 2013), que ganó el International Latino Book Award a la Mejor Novela Fantástica en 2014; El placer de matar una madre (Madrid: Ediciones B, 2019) y Urbanización X (Buenos Aires: Seix Barral, 2024). Fue nombrada Speaker for the Humanities de NYC (2003-05).

Printed by Imprimerie Gauvin
Gatineau, Québec